荷 浦 珠 还

荷兰倪汉克新近捐赠文物

TREASURES HOMECOMING

The Recent Gift of Chinese Cultural Relics from Mr. Henk Nieuwenhuys

上海博物馆
Shanghai Museum

2008年我向上海博物馆捐赠了约九十七件中国青花外销瓷和一件法国古董陈列柜。这批藏品，独一无二，始于20世纪20年代晚期我外祖父的收藏，历经我父亲和我，共三代人的积累。它们既体现了古代中国匠人的独特技艺，又演示了欧洲人如何在家里陈列中国宝贝的实景。我当时觉得，与其把它们出售或者分给我的两个孩子，不如把它们作为一个整体保存，方便后来人观赏。

这次捐赠以后，我迷上了中国古代青铜器和汉代陶器，开始从各大艺术品博览会、拍卖行和古董商那里收购，后来发现其中有部分藏品的来源可能尚待研究。我坚决认为把这些文物归还给它们的祖国——中国，捐赠给上海博物馆，才是正确的做法。

我还捐赠了一件象牙塔，它与铜器、陶器同时运到上海博物馆。这件象牙塔非常稀有，来自中国广东地区。很高兴看到它被精心地修复、恰当地保存，并漂亮地展示给公众。

我喜欢中国文化，热衷于收藏中国文物。然而，藏家也需要考虑怎么处置其藏品，是卖还是留？上海博物馆是中国最有序运营的博物馆之一，我选择她作为捐赠对象顺理成章。现在我把我的藏品托付给上海博物馆，相信她一定能好好地照顾、保存这些非凡的器物，并让大众得以体验欣赏的乐趣。

倪汉克

倪汉克先生和他的太太刘献梅

Mr. Henk Nieuwenhuys and his wife Liu Xianmei

In 2008 I donated my blue and white Chinese export porcelain to the Shanghai Museum, some 97 objects plus the French walnut antique display cabinet. A unique collection, from three generations, was started by my grandfather in the late nineteen-twenties, and continued by my father and myself. The collection not only shows the unique craftsmanship of Chinese artists, but also how Europeans would display their Chinese treasures in their homes. I felt that the collection should be kept together rather than selling it or splitting it among my two children. It should be preserved for future generations to enjoy.

Following my donation, I fell in love with ancient Chinese bronzes and Han-Dynasty earthen wares, which I started buying at art fairs, auctions and from dealers. Later, I found out that some of these objects might not have the provenances required and needed. I strongly felt, that the right thing to do was to return these objects to China, their motherland, to the Shanghai Museum.

The ivory pagoda, arrived in the Shanghai Museum at the same time with the Han earthenware and archaic bronzes. The ivory pagoda is an extremely rare object, originating from the Guangdong area. I am very pleased to see that it now belongs to the Shanghai Museum, where it will be properly preserved and nicely displayed to the public.

I love Chinese culture and collected Chinese ancient art objects. However, you also need to think what to do with these objects. Sell or preserve? The Shanghai Museum is one of the best organized museums in China and a logical choice for a donation. Now I entrust the Shanghai Museum with my donations, and they will take good care and preserve these unique objects for the public to enjoy.

目 录

前言 上海博物馆馆长 杨志刚 ·· 10
Foreword　　Director of the Shanghai Museum　　*Yang Zhigang*

捐赠人倪汉克先生的中国情结与睦爱深谊 赵佳 ··· 12
The Distinguished Donor Mr. Henk Nieuwenhuys and His Unfading Passion for Chinese Art　　*Zhao Jia*

图版 ··· 24
Catalog

01 兽面纹爵 ·· 26
Bronze *Jue* (wine vessel) with animal mask design

02 䧹爵 ·· 28
Bronze *Jue* (wine vessel) inscribed with 䧹

03 𓆇觚 ·· 30
Bronze *Gu* (wine vessel) inscribed with 𓆇

04 云雷纹卣 ··· 32
Bronze *You* (wine vessel) with cloud and thunder pattern

05 大万父辛爵 ·· 34
Bronze *Jue* (wine vessel) for Fu Xin, a chief music and dance officer

06 兽面纹鼎 ··· 38
Bronze *Ding* (food vessel) with animal mask design

07 龙纹簋 ·· 40
Bronze *Gui* (food vessel) with dragon design

08 龙纹鼎 ·· 42
Bronze *Ding* (food vessel) with dragon design

09 鳞纹簋（两件） ··· 44
Bronze *Gui* (food vessel) with scale pattern (two pieces)

Contents

10 龙纹鼎 46
Bronze *Ding* (food vessel) with dragon design

11 交龙纹鼎 48
Bronze *Ding* (food vessel) with intertwined-dragon pattern

12 蟠龙纹鼎 50
Bronze *Ding* (food vessel) with coiled-dragon pattern

13 交龙纹鼎 52
Bronze *Ding* (food vessel) with intertwined-dragon pattern

14 卷龙纹鼎 54
Bronze *Ding* (food vessel) with coiled-dragon pattern

15 交龙纹簠 56
Bronze *Fu* (food vessel) with intertwined-dragon pattern

16 交龙纹钟（四件）... 60
Bronze *Zhong* (bell) with intertwined-dragon pattern (four pieces)

17 络纹壶 66
Bronze *Hu* (wine vessel) with knotted-net pattern

18 弦纹𫘦 68
Bronze *Fu* (food vessel) with string pattern

19 彩绘云纹壶 70
Bronze *Hu* (wine vessel) with coloured cloud pattern

20 彩绘云纹鼎 72
Bronze *Ding* (food vessel) with coloured cloud pattern

21 彩绘云纹甗 73
Bronze *Yan* (food vessel set) with coloured cloud pattern

22 鸟钮壶 76
Bronze *Hu* (wine vessel) with bird-shaped knobs

23	凤钮提梁壶	78
	Bronze *Hu* (wine vessel) with a phoenix-shaped knob and a hoop handle	
24	雁首柄鐎斗	80
	Bronze *Jiaodou* (heating vessel) with a wild goose-head shaped handle	
25	长柄鐎斗	82
	Bronze *Jiaodou* (heating vessel) with a long handle	
26	虎纹铃（两件）	84
	Bronze *Ling* (small bell) with tiger design (two pieces)	
27	鸟纹鼓	86
	Bronze *Gu* (drum) with bird pattern	
28	鸟纹鼓	88
	Bronze *Gu* (drum) with bird pattern	
29	蛙饰鼓	90
	Bronze *Gu* (drum) with frog ornaments	
30	彩绘陶茧形壶	94
	Cocoon-shaped *Hu* (liquid vessel) in painted pottery	
31	彩绘陶鼎	96
	Ding (funerary object) in painted pottery	
32	彩绘陶鼎	97
	Ding (funerary object) in painted pottery	
33	彩绘陶盖盒	98
	Painted pottery container with lid	
34	灰陶灶	99
	Grey pottery stove	
35	灰陶壶	100
	Hu (wine or food vessel) in grey pottery	

36	绿釉陶壶	102
	Hu (wine vessel) in green-glazed pottery	
37	绿釉陶灶	104
	Green-glazed pottery stove	
38	绿釉陶烤炉	106
	Green-glazed pottery roaster	
39	绿釉陶猪圈	108
	Green-glazed pottery pigsty	
40	绿釉陶磨坊	109
	Green-glazed pottery mill	
41	绿釉陶井	110
	Green-glazed pottery well	
42	绿釉陶水塘	112
	Green-glazed pottery pond	
43	绿釉陶望楼	114
	Green-glazed pottery watch tower	
44	绿釉陶人形烛台	116
	Human-figure candle holder in green-glazed pottery	
45	绿釉陶博山炉	118
	Boshanlu (hill censer) in green-glazed pottery	
46	绿釉瓷枕	119
	Green-glazed porcelain pillow	
47	景德镇窑青白釉堆塑瓶（一对）	120
	Pair of funerary jars with bluish-white glaze, Jingdezhen kilns	
48	象牙雕七层宝塔	124
	Seven-storied ivory pagoda	

前 言

汉克（Henk Nieuwenhuys）先生是荷兰的商界精英，同时也是著名的艺术品收藏家。他是第一位向上海博物馆捐赠大量文物的西方人，曾于2008年惠赠我馆一批珍贵的明清贸易瓷，为此我们举办了"海帆留踪"特展。时隔十年后，他再次解囊捐赠，将其心爱的艺术珍藏带回中国。本次展览呈现的54件文物，门类扩至青铜器、陶瓷器和牙雕精品，浓缩了厚重的历史文化价值，亦承载着这位藏主一如既往、矢志不渝的中国古代艺术情怀。过往的十余年中，倪汉克先生还不遗余力推动我馆与欧洲博物馆的展览合作，促成了多个国际交流项目。

倪汉克先生的无偿捐赠和积极善心，体现了他与上海博物馆的不解情缘，以及助力中华瑰宝回归故里的拳拳之心，其慷慨义举也赢得了中国政府的褒奖。2012年和2014年，他曾先后两次获得上海市人民政府授予的"上海市白玉兰奖"。2019年，又获颁"外国人永久居留身份证"，成为上海市首位因文物捐赠获得中国永久居留资格的外国人士。

中国古语谓物失而复得、人去而复归为"合浦珠还"，今次展览名称借此成语之谐音，寓意荷兰友好使者倪汉克先生与上海，这座浦江之畔的明珠般的城市，因文物的归去来兮而结下深厚情谊。上海博物馆珍重并守护这份来自捐赠者的心意，将成为这些文物永远的家。

上海博物馆 馆长

杨志刚

FOREWORD

Mr. Henk Nieuwenhuys was not only a successful businessman in the Netherlands but also known internationally as an eminent art collector. He was the first western person to make a substantial donation to the Shanghai Museum. In 2008, he presented the Shanghai Museum with a superb collection of Chinese export porcelain from the Ming and Qing dynasties, for which we held a special exhibition entitled "Traces of the Trade". Ten years later, through the generosity of Mr. Nieuwenhuys, his prized Chinese artefacts have come home. The 54 exhibits here include bronzes, ceramics and an ivory pagoda. Their profound historical and cultural value speaks volumes about Mr. Nieuwenhuys' expertise as a renowned collector of Chinese art. In addition, over the past decade he has dedicated himself to establishing a firm connection between the Shanghai Museum and museums in Europe, making possible a number of international programs and exhibitions.

Behind such generosity and kindness are, for one, the chemistry between Mr. Nieuwenhuys and the Museum and, for another, his determination to bring Chinese treasure back home. His good will has been well recognized by the Chinese government. He was a two-time laureate of the Shanghai Magnolia Award from the Shanghai municipal government respectively in 2012 and 2014. In 2019, he was granted Foreign Permanent Residency in China, as the first expatriate ever in Shanghai who has obtained this status because of cultural-relics donation.

The title of the exhibition is derived from the literary expression "*He pu zhu huan*"—"Pearls returned to Hepu"—that describes something of great value that was lost and has been returned. This homecoming of Chinese treasures forms a special bond between Mr. Nieuwenhuys, in his role as an envoy of friendship from the Netherlands, and Shanghai, a pearl-like city nurtured by its mother river, the Huangpu. The works shown here, embodying the intense love of their donor for Chinese art, will be treasured in their new permanent home at the Shanghai Museum.

Yang Zhigang
Director of the Shanghai Museum

捐赠人倪汉克先生的中国情结与睦爱深谊

赵 佳

倪汉克（Henk Nieuwenhuys）先生，1951年出生于荷兰阿登豪特。他是荷兰的商界精英，亦是著名的艺术品收藏家，尤其对中国的传统文化和艺术情有独钟。

一、家风濡染

倪汉克先生的个人鉴藏爱好在很大程度上得益于家风的熏陶。其外祖父本·范·希斯（Ben van Hees）是荷兰的一位银行家。早在20世纪20年代，他便开始收藏中国瓷器。明末清初之际，当中国的贸易瓷经过海运进入到欧洲大陆时，获得了良好的市场反响。倪汉克的外祖父最初购藏它们，纯粹只是出于个人的喜爱。后来，倪汉克的父亲也开始收藏中国瓷器。在经历了两代人的递藏之后，倪氏家族的收藏逐渐得到了丰富。也正是在这种家庭氛围的濡染之下，倪汉克先生自幼便对中国文物产生了浓厚的兴趣，家族珍藏所体现出的深沉底蕴与精湛工艺更是使他逐渐醉心于中华的传统文化与艺术。后来，倪汉克继承了父辈的珍藏，并在此基础上进一步加以扩充。其藏品已不限于中国的贸易瓷，而是兼及青铜器、陶瓷器和雕件等各个门类，堪称别具特色。应该说，倪汉克先生通过收藏，将祖辈们对于中国艺术品的单纯喜爱升华为了对中国传统文化的执着与痴迷。

二、不解之缘

倪汉克先生对中华文化的这份特殊感情对于中国观众来说，尤为幸运。作为一名外籍人士，他分别于2008年、2018年和2019年先后三次向上海博物馆捐赠了其收藏的中国陶瓷、青铜和牙雕文物等总计达一百五十余件，年代自商代至明清，跨度近三千年。其化私奉公、惠泽世人的厚德义举令人动容。

倪汉克在2008年首次捐赠（图1）的文物绝大多数为景德镇的青花贸易瓷产品，时代

图1：2008年6月3日，倪汉克先生（左）与陈燮君先生（时任上海博物馆馆长）签署明清贸易瓷的捐赠协议。

约在明万历至清康熙时期。它们不仅见证了中国和欧洲的瓷器贸易，也记载了清初景德镇民窑的盛烧历史。对这次捐赠，倪汉克本人的表达十分质朴："把整整三代人的收藏捐出来，这让人有一种非常特殊的感觉。但每次想起，我都十分肯定自己做了一个正确的选择。因为，我热爱中国这个国家，也热爱她的文化。"这批瓷器的入藏，开启了倪汉克与上海博物馆的不解之缘，同时也为明末清初景德镇制瓷史的研究乃至同时期中欧经济文化交流等课题提供了重要的实物资料。

此后，倪汉克又渐渐迷上了中国古代青铜器和汉代陶器。当他从各大艺术品博览

图2：2018年11月26日，倪汉克先生（左）与上海博物馆馆长杨志刚先生签署青铜器和陶瓷器等文物的捐赠协议。

会、拍卖行和古董商等那里购入这些文物后，越发强烈地意识到，"把这些文物归还给它们的祖国——中国，才是正确的做法"。于是，他在2019年再度将这批文物捐给上海博物馆（图2），以实现他让文物重返故里，令世人同乐共赏的夙愿。

整体而言，其中的青铜器不乏珍品，大致体现出三个特点：一是流传有绪，历见于著录。比如大万父辛爵收录于陈梦家先生的《美国所藏中国铜器集录》。二是种类丰富，时代跨度长。不仅有商周时期的礼器，还有两汉、南北朝时期的生活用器和寺庙乐器。三是地域文化多元，具有较高的艺术价值和历史研究价值。囊括了秦系青铜器、晋系青铜器、楚系青铜器等不同地域风格的青铜艺术；另外还有越南地区的芒鼓，填补了我馆在东南亚地区铜鼓艺术收藏方面的空白。

倪汉克先生此次捐赠给上海博物馆的陶瓷器一共有18件（组），数量虽然不是很多，但种类却也丰富，也有些较为少见的作品。这批陶瓷器从质地上可分有瓷器和陶器两种。

瓷器有2件（组），一件为宋金时期北方地区烧造的绿釉瓷枕，制作工艺精湛，枕面的缠枝花卉纹有浅浮雕般的立体感。另有一对南宋至元代早期景德镇窑烧造的青白釉长颈堆塑瓶，此种堆塑瓶，又称魂瓶或皈依瓶，为丧葬明器，在江西及周边地区最为常见，反映了当时人们希望死后能飞升"天界仙境"的丧葬习俗。在江西宋元墓葬出土的堆塑瓶中，还发现了尚未完全碳化的稻谷，说明其也可以作陪葬的谷仓之用。这种堆塑瓶始于北宋，盛于南宋，元代逐渐衰落，多为景德镇窑所生产。

除上述2件（组）瓷器外，其余均为两汉时期的陶器，一共16件。其中有6件泥质灰陶器，10件绿釉陶器即低温铅釉陶器。

汉代的陶器中，以泥质灰陶最为多见，使用范围最广，出土数量最多，器形种类也最为丰富。有些灰陶器在烧成之后，在光滑的器表以红、白、黄、绿等矿物颜料描画各种图案，称之为"彩绘陶"。汉代是彩绘陶发展的繁荣时期，纹饰多样，颜色鲜艳。但因不再入窑二次烧造，故而彩绘极易脱落。捐赠品中有4件此类的彩绘陶器，这些彩绘陶均属于灰陶的范畴。

低温铅釉陶器的创烧，是汉代陶瓷工艺的一大创新，也是中国陶瓷史上的一项杰出成果，为后世绚烂夺目的唐三彩的出现奠定了坚实的基础。值得注意的是，除了个别窑址发掘出的极少数出土品以外，汉代的低温铅釉陶几乎全部出土于墓葬中，在城址、房址等遗迹中尚未发现，这种现象足以说明其是作为明器随葬用的。

汉代的丧葬观念是"事死如生"，相信"生死同值"，随着社会经济的发展、生产力的提高，厚葬之风日渐盛行。《汉书·成帝纪》载："方今之世，奢侈罔极，靡有厌足……车服、嫁娶、葬埋过制，吏民慕效，寝以成俗。"在这种奢靡葬俗的推动下，大量的陶瓷制品被当做随葬明器而埋葬于墓穴之中。倪汉克先生捐赠的这16件陶器，全部属于丧葬明器之类，大致可分为三类：仿铜礼器、日常生活用器以及模型明器。

汉代继承了战国以来以仿铜礼器随葬的传统，这种葬制在西汉早中期尤为普遍，西汉晚期开始衰落，东汉时期逐渐消亡。捐赠品中的仿铜礼器有彩绘陶鼎、彩绘陶盒、灰陶壶以及绿釉陶壶等4件。而属于日常生活用器的随葬品有彩绘陶茧形壶、绿釉博山炉、绿釉人形烛台等3件。剩余的9件均为模型明器，有磨坊、猪圈、灶台、烤炉、水井、水塘、望楼等。这些模仿当时的生产和生活设施的模型明器，展示了当时人们生活的真实场景，为我们提供了难能可贵的实物资料，使我们得以管中窥豹，了解汉代社会、经济、生活的方方面面。

在此之前，倪汉克先生另捐有一座清代象牙雕七层宝塔。该塔具有晚清时期南派牙雕的典型风格和时代特征，代表了当时较高的工艺水平。该宝塔在入藏上海博物馆之后，经专业人员的精心修复与科学保护，如今已再焕荣光，华彩复现。

"予所收蓄，永归尔土。"倪汉克先生的无私捐赠体现了他乐成其美的大爱胸襟和对上海博物馆的深厚情谊。然而，倪汉克与上海博物馆的不解之缘还不止于此。一直以来，倪汉克先生都是上海博物馆事业发展的坚强助力。他不遗余力地搭建平台推进我馆与荷兰兄弟博物馆的交流与合作，为上海博物馆促成了多个国际交流项目，其中包括2011年荷兰海牙市立博物馆举办的"中国明清官窑瓷器展"和2023年将在荷兰多特雷赫特博物馆举办的"17世纪荷兰绘画与中国绘画交流展"等。

三、政府褒奖

回顾倪汉克先生从继承、收藏、赏玩，乃至无偿捐赠的经历，我们看到了一位外国藏家的眼光、品位和大爱无疆的情怀。身为一名荷兰人，倪汉克先生能够跨越海陆之界、血缘之别和文化之隔，将其拥有的中国文物重归桑梓，实在令人钦佩！如今，他的名字将永久地闪耀于上海博物馆的"文物捐赠者名录"墙上，感召着更多的后来者砥砺向前。

可以说，倪汉克先生的慷慨之举是世人广为传布的佳话。他对中国的深情厚谊也得到了中国政府的肯定和褒奖。2012年和2014年，上海市人民政府先后授予他"上海市白玉兰纪念奖"（图3）和"上海市白玉兰荣誉奖"（图4）。倪汉克先生是在场"白玉兰奖"获奖者中唯一一位因捐赠高价值文物而获得政府充分肯定的人士。这份褒奖与荣誉，可谓实至名归。

2019年10月，经由国务院批准，倪汉克先生获得了渴望已久的上海市出入境管理局颁发的中国永久居留身份证（图5）。他是首位因捐赠大量文物而被上海市政府推荐获得中国永居证的外国友好人士。这是中国政府对倪汉克先生所作贡献的更高肯定。在颁证现场，汉克笑逐颜开，为自己终获中国"绿卡"而深感自豪。

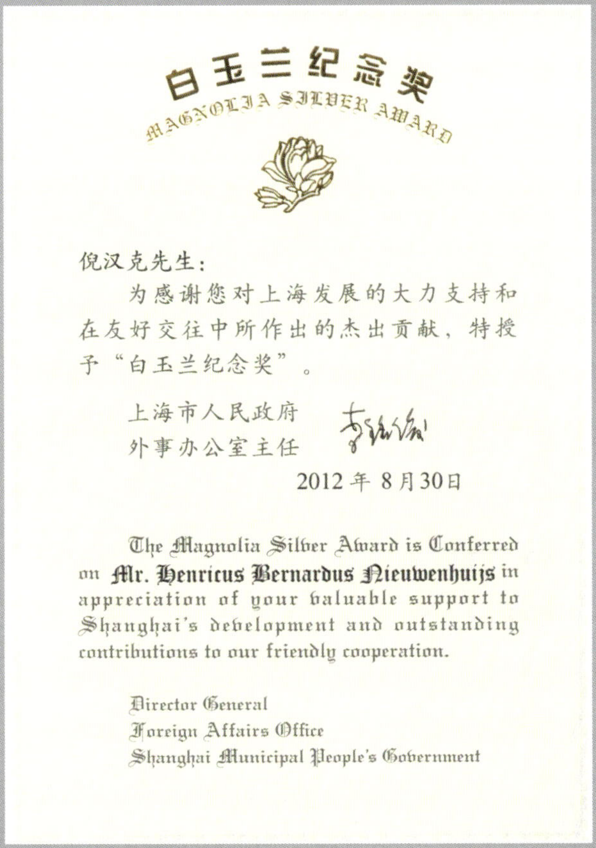

图3：2012年，倪汉克先生（前排左5）获颁"上海市白玉兰纪念奖"。

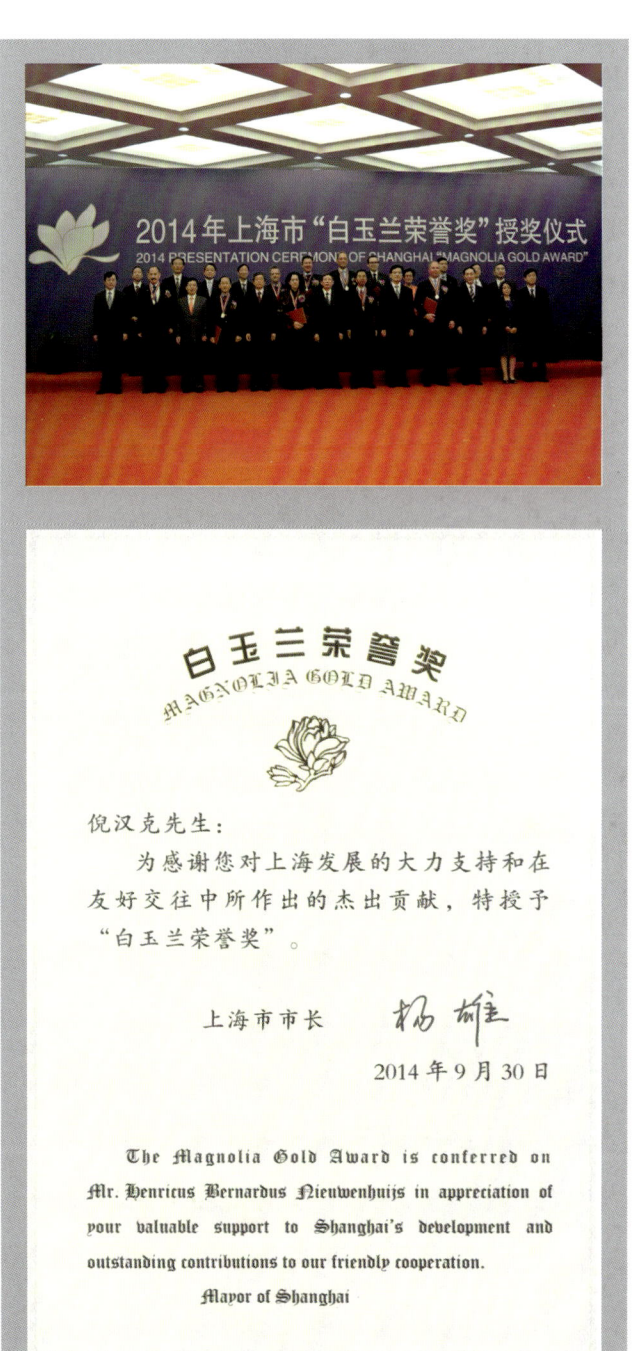

图4：2014年，倪汉克先生（后排左7）获颁"上海市白玉兰荣誉奖"。

图5：2019年10月29日，倪汉克先生获颁"外国人永久居留身份证"。

四、四海扬名

倪汉克先生所捐文物在入藏上海博物馆之后，即成为了我馆的明星展品。它们频繁亮相于海内外的各大展览，可谓声名远播。

2009年，上海博物馆应倪汉克的首次捐赠特别举办了"海帆留踪——荷兰倪汉克捐赠明清贸易瓷展"（图6、7、8）并出版了展览图录。该批瓷器以特别展览的形式整体公开，不仅彰显了捐赠人的慷慨义举和独到鉴识，也增进了公众对明清，尤其是康熙时期贸易瓷的认知与了解。在首批捐赠的明清贸易瓷中，景德镇窑出产的青花果树纹双管瓶、青花镂空仕女图果篮托盘、青花帆船图花口盘和青花如意花卉纹香熏都是难得一见的珍品佳作。它们多次成为境内外特别展览的核心展品，先后参加了2009年"康熙大帝与太阳王路易十四特展"（台北故宫博物院，2011年）、"直挂云帆济沧海——海上丝绸之路特展"（首都博物馆，2014年）、"越洋遗珍——上海博物馆与故宫博物院藏明清贸易瓷展"（故宫博物院，2015年）、故宫博物院与上海博物馆藏明清贸易瓷展（上海博物馆，2015—2016年），"青出于蓝——青花瓷的起源、发展与交流展"（上海科技馆，2017年；乌兹别克斯坦国家历史博物馆，2018年）和"春风千里——江南文化艺术展"（上海博物馆，2020年）以及"一花一世界——丝绸之路上的互学互鉴"（中国丝绸博

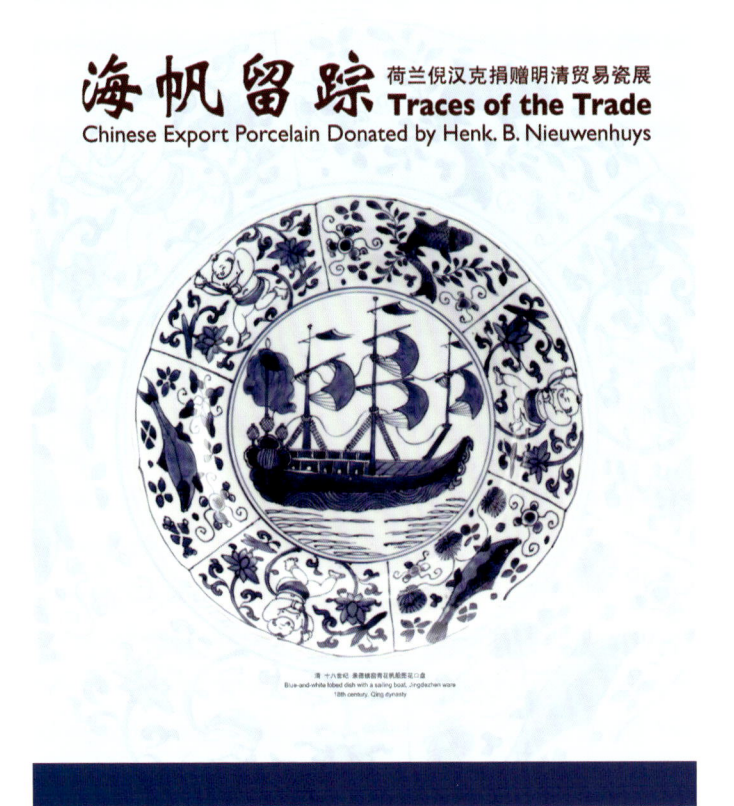

图6：2009年10月20日至2010年2月28日，上海博物馆举办"海帆留踪——荷兰倪汉克捐赠明清贸易瓷展"。

图7：倪汉克先生在展厅中为观众介绍他所捐赠的明清贸易瓷。

物馆，2020年）等多次重要展览。

曾经的明清贸易瓷载着"中国记忆"远航西去，如今的它们在捐赠人的呵护下带着"世界印迹"东归故里。今天，为了表达对倪汉克先生屡次慷慨捐赠的敬意与谢忱，回应广大观众的热切期盼，上海博物馆针对他第二、第三批捐赠文物又特别推出了本次"荷浦珠还——荷兰倪汉克新近捐赠文物展"。我们相信，在该展览中完整呈现的捐赠文物也必会在将来履足海内外，继续践行传承中华文明的重任，发挥它们作为文化使者的积极作用。

结语

"上海博物馆是中国最有序运营的博物馆之一，我选择它作为捐赠对象顺理成章。现在我把我的藏品托付给上海博物馆，相信它一定能好好地照顾、保存这些非凡的器物，并让大众得以体验欣赏的乐趣。"倪汉克曾经如是说。

作为受惠者，上海博物馆在感念捐赠人的信任之余，将一如既往地做好捐赠文物的收藏、保护、展示、教育和研究工作，不负捐赠人的重托，用实际行动证明倪汉克先生的正确选择，永远珍惜和铭记上海博物馆与捐赠人的不解之缘。

图8：上海博物馆"海帆留踪——荷兰倪汉克捐赠明清贸易瓷展"展厅现场。

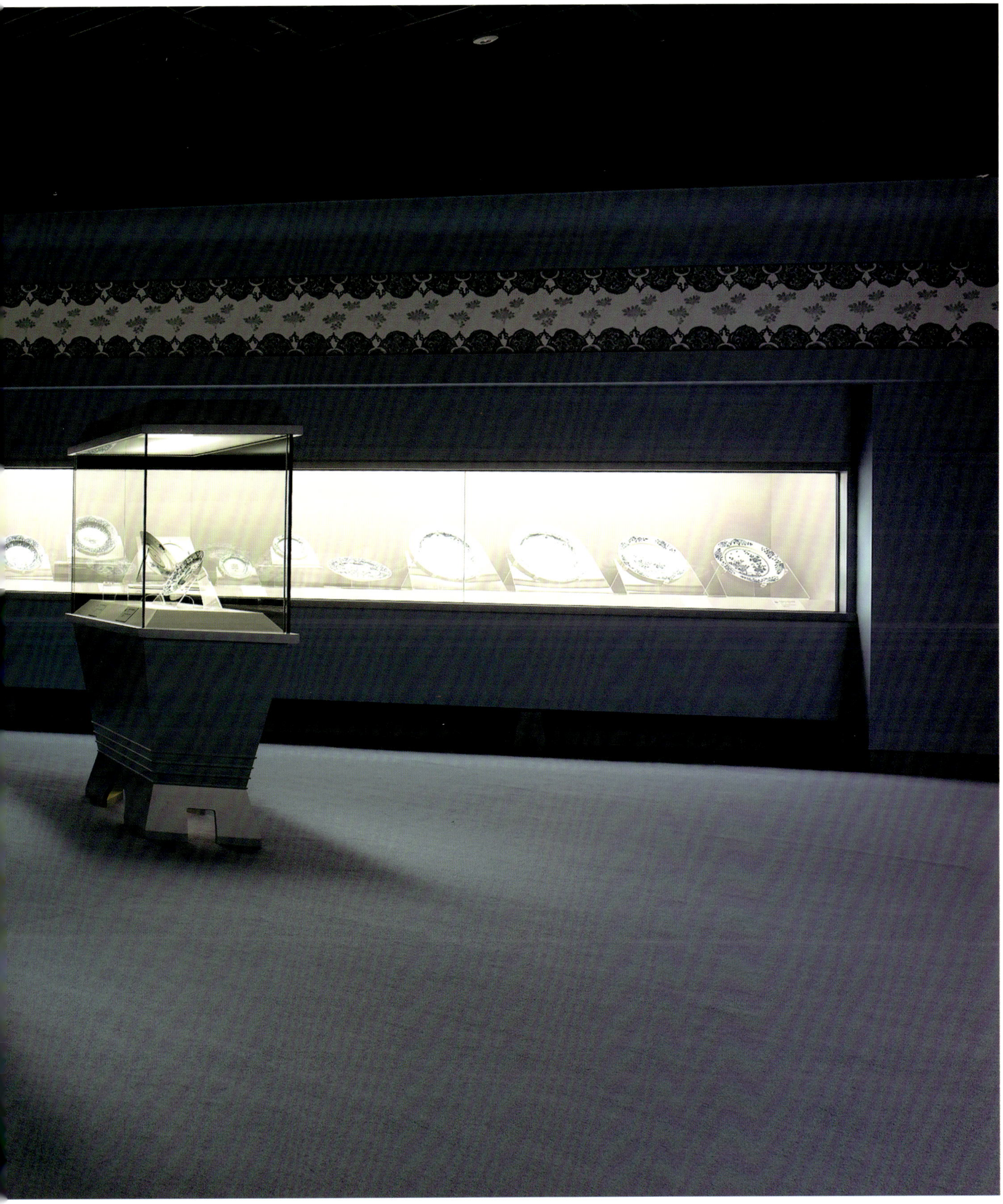

The Distinguished Donor Mr. Henk Nieuwenhuys and His Unfading Passion for Chinese Art

Zhao Jia

Abstract:

Mr. Henk Nieuwenhuys inherited his love for Chinese art from his family. In 2008, 2018 and 2019, He gifted the Shanghai Museum more than 150 cultural relics in three batches from his family and personal collections. The recent two batches of donation included bronze ware, porcelain ware and ivory ware. Thereby, his long-cherished wish to have the relics returned to their home was fulfilled. The bronze ware and porcelain were made mostly in the Shang, Zhou and Han dynasties, and the ivory pagoda was crafted in the Qing dynasty. These artefacts are of significant artistic, historical, and research value and prove to be a notable addition to the permanent collection of the Shanghai Museum.

Mr. Nieuwenhuys is not only a great donor but also an active promoter of global museum exchanges and one of the driving forces behind many international partnerships and programs of the Shanghai Museum. In his generosity and dedication towards Chinese art and culture, no one fails to see the unbreakable bond between him and the Museum.

图 版 CATALOG

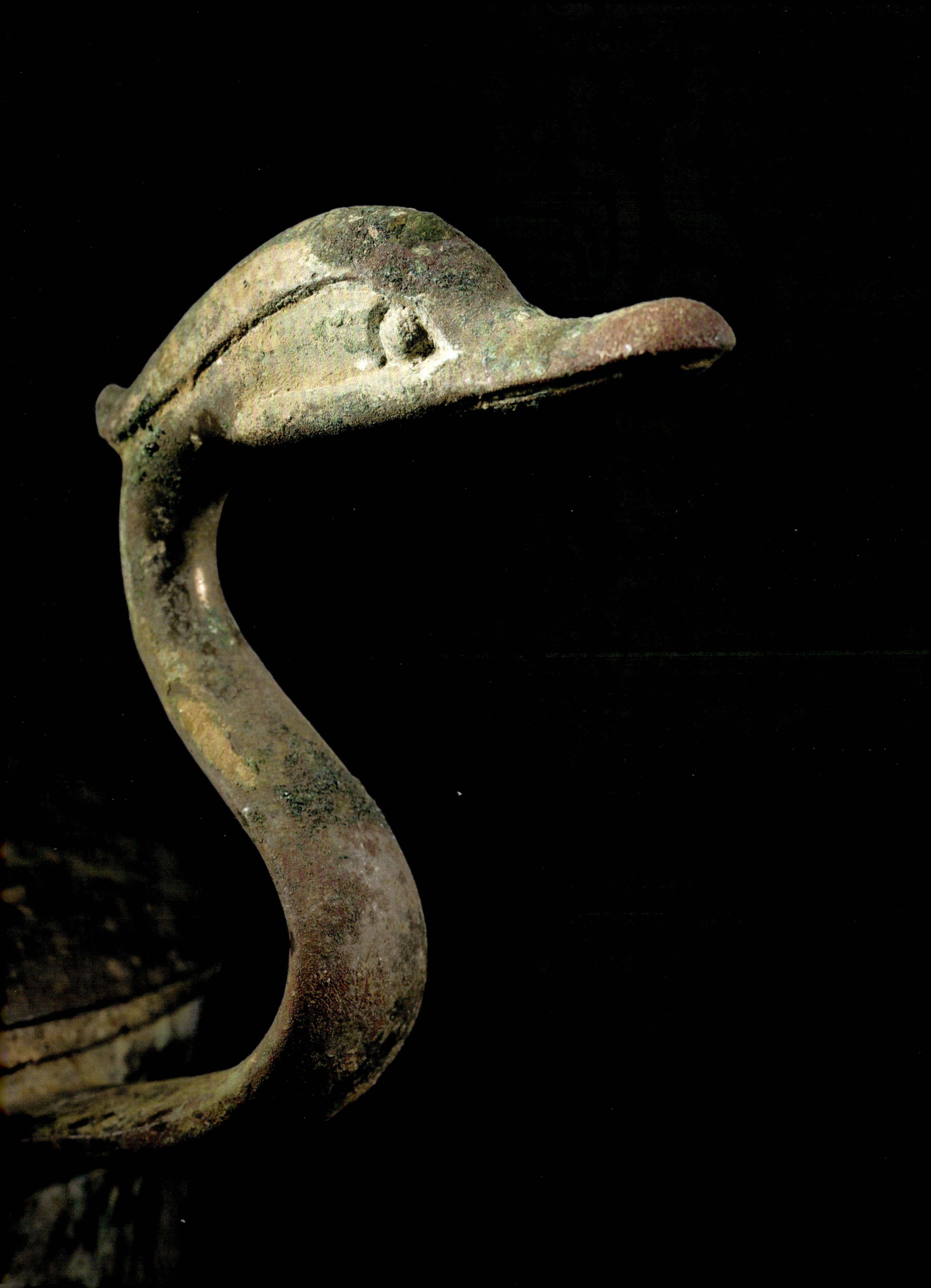

01 兽面纹爵
Bronze *Jue* (wine vessel) with animal mask design

商晚期（公元前 13 世纪—前 11 世纪初）
高 20 厘米　流至尾长 17.7 厘米　重 671 克

Late Shang dynasty (13th – early 11th century BCE)
Height: 20 cm
Length from spout to tail: 17.7 cm
Weight: 671 g

　　长流槽、尖尾上翘，口沿上有一对菌状立柱，长卵形腹，下接三条三棱锥足，腹一侧有兽首鋬。柱顶饰火纹，腹部饰云雷纹组成的兽面纹，流、尾与颈部饰三角纹与蕉叶纹。

　　爵始见于二里头文化，是最早出现的酒器。

（韦心滢）

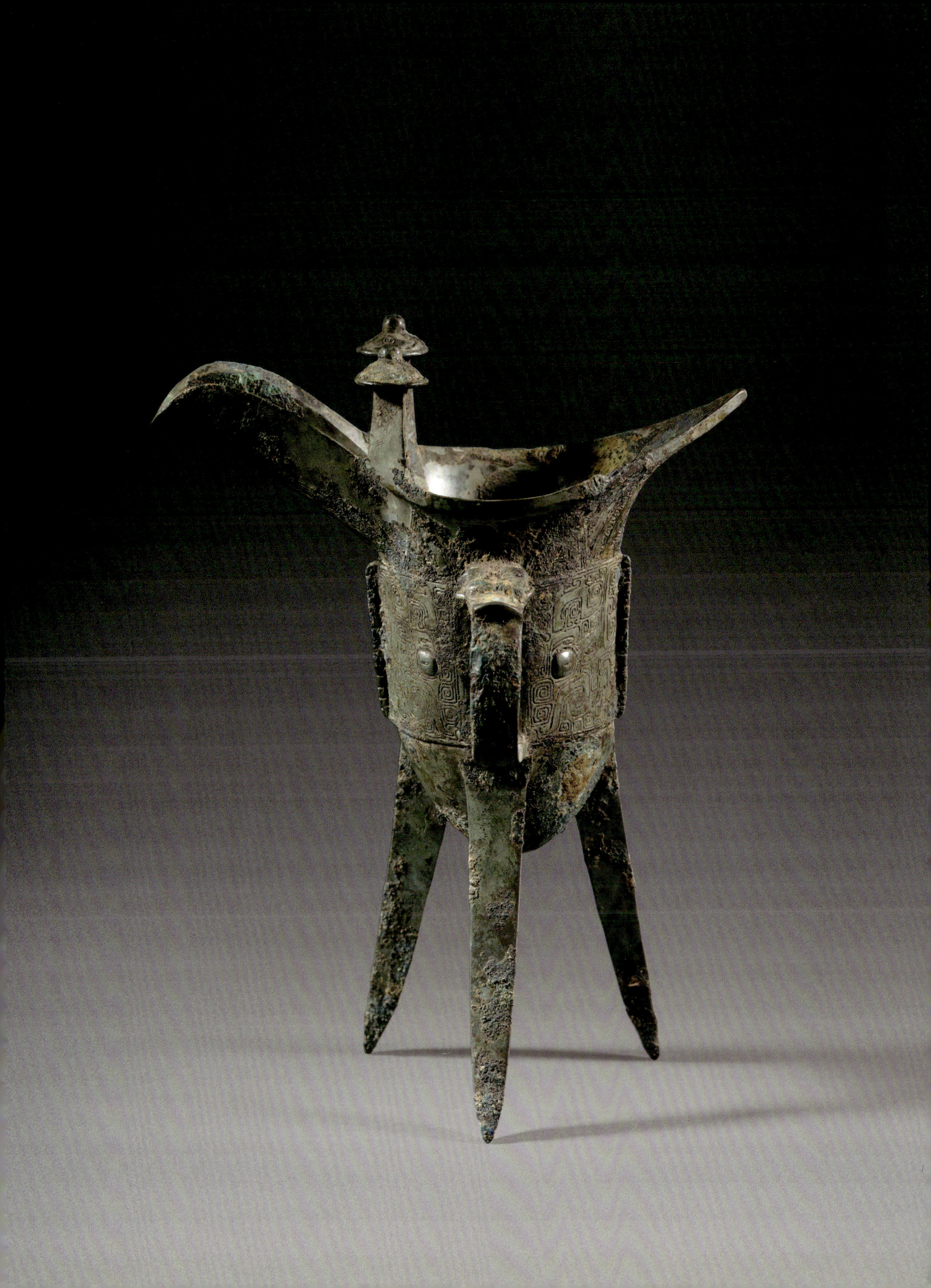

02 䦅爵
Bronze *Jue* (wine vessel) inscribed with 䦅

商晚期（公元前 13 世纪—前 11 世纪初）
高 19.5 厘米　流至尾长 15.6 厘米　重 672 克

Late Shang dynasty (13th – early 11th century BCE)
Height: 19.5 cm
Length from spout to tail: 15.6 cm
Weight: 672 g

  长流槽、尖尾上翘，口沿上有一对菌状立柱，长卵形腹，下接三条三棱锥足，腹一侧有兽首鋬。柱顶饰火纹，腹部饰云雷纹组成的兽面纹，尾与颈部饰三角纹与蕉叶纹。鋬内铸铭一字"䦅"，为作器者之族氏名。

（韦心滢）

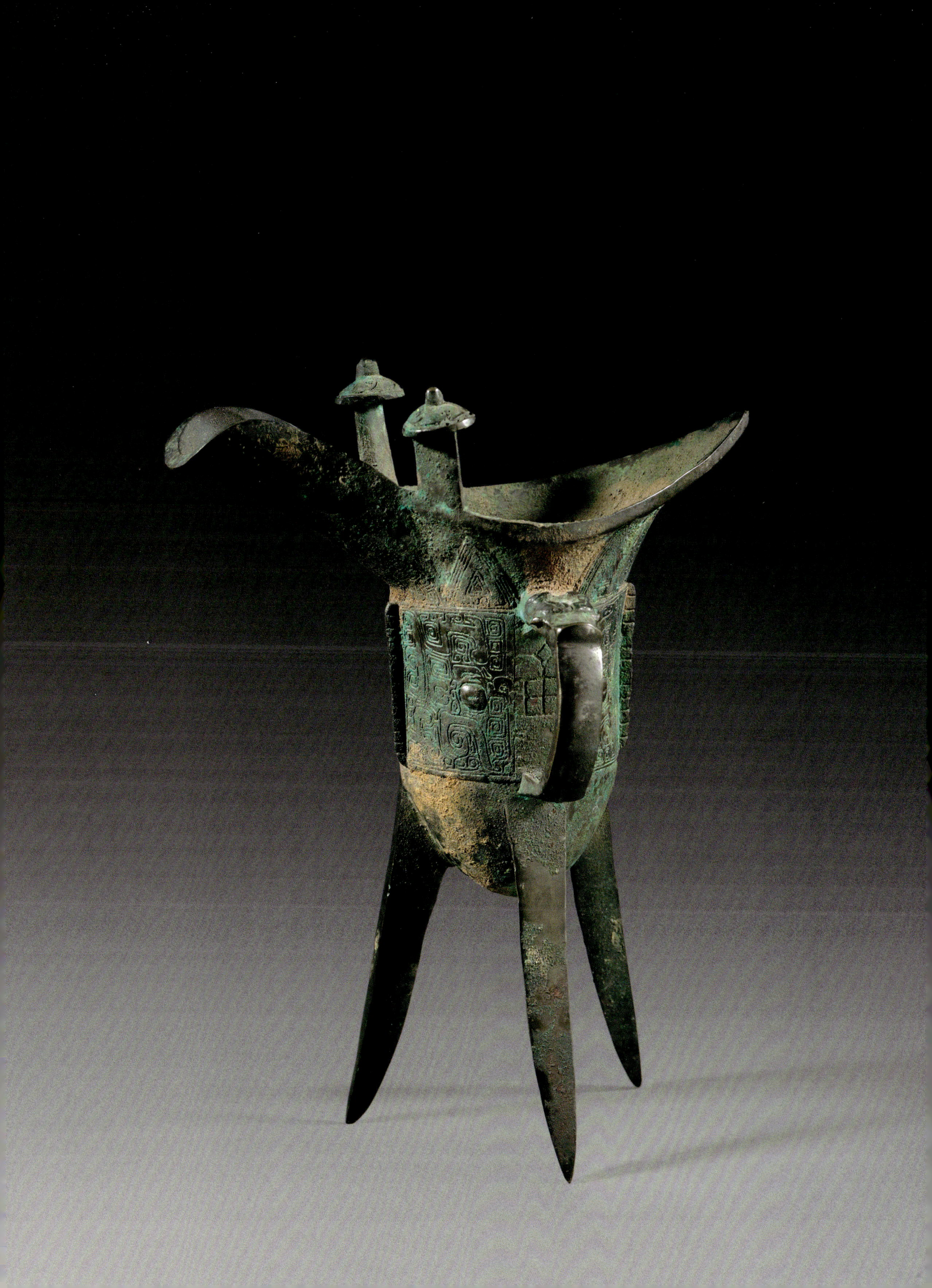

03 觚

Bronze *Gu* (wine vessel) inscribed with

商晚期（公元前 13 世纪—前 11 世纪初）
高 27.9 厘米　口径 16.5 厘米　重 946 克

Late Shang dynasty (13th – early 11th century BCE)
Height: 27.9 cm
Diameter of mouth: 16.5 cm
Weight: 946 g

　　喇叭口、长颈直腹、高圈足，圈足外撇成直阶，腹部与圈足各有四道锯齿状扉棱。长颈上饰蕉叶纹和一圈蝉纹，腹部饰简体兽面纹，圈足上饰一圈蝉纹和兽面纹。整体修长优美、质朴古拙。圈足内有一字"　"，为作器者所属族氏名。

　　觚为盛酒器，流行于商代。

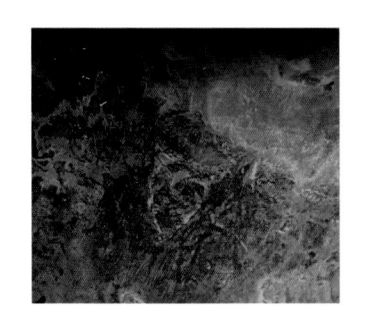

（韦心滢）

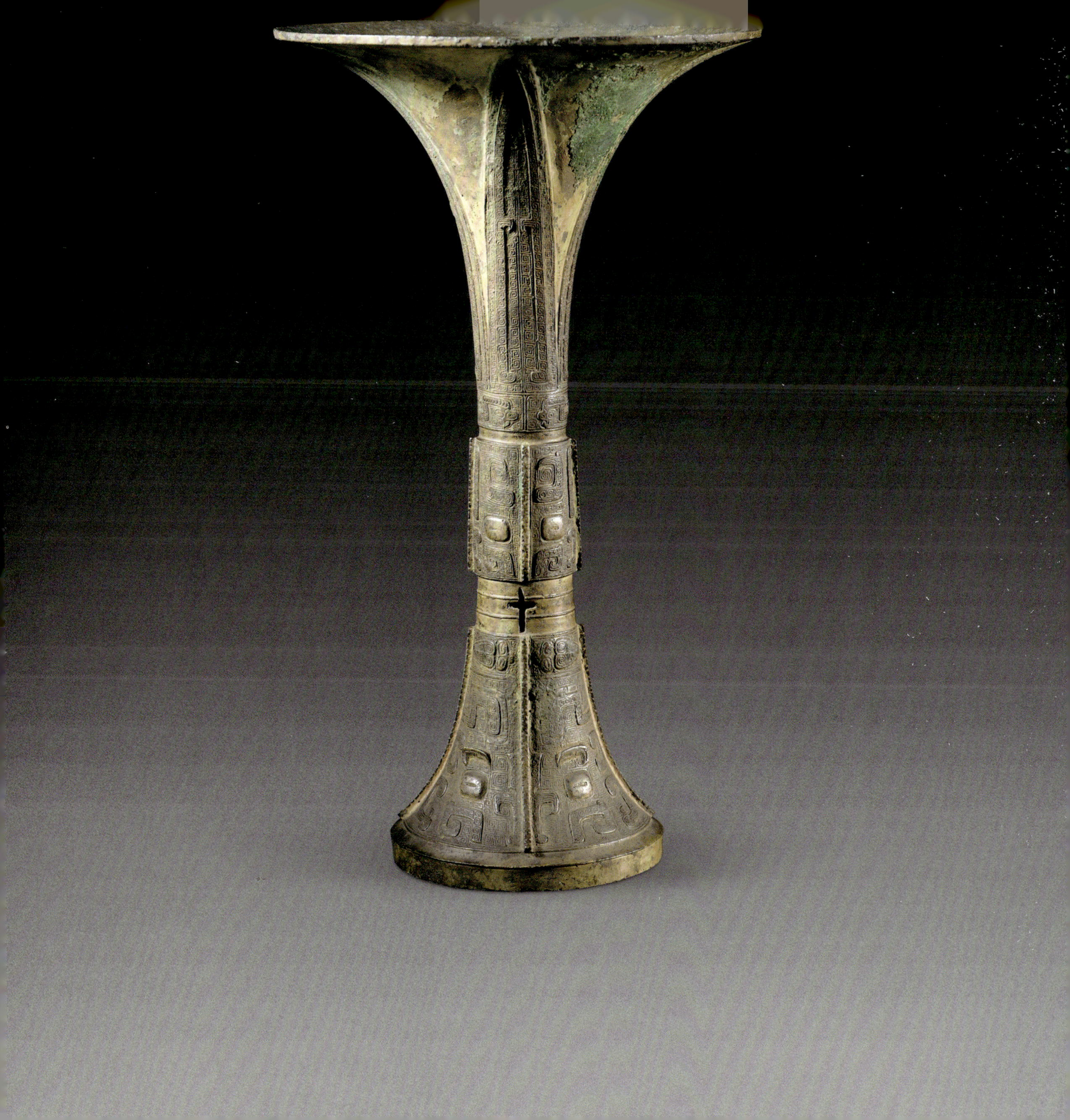

04 云雷纹卣

Bronze *You* (wine vessel) with cloud and thunder pattern

商晚期（公元前 13 世纪—前 11 世纪初）
高 25.2 厘米　口横 12.8 厘米　重 3499 克

Late Shang dynasty (13th – early 11th century BCE)
Height: 25.2 cm
Diameter of mouth: 12.8 cm
Weight: 3,499 g

　　体呈扁椭圆形，长直口、腹部向下倾垂，器腹部上端两侧有两半环钮，套接绳索状提梁，器底接圈足外撇成阶状。口上承盖，盖面呈坡状，上有菌状捉手，以利取拿。器身上部以云雷纹构成横饰带，中间以突起小扉棱分隔，上下各饰一周圆圈纹，余为素面。

（韦心滢）

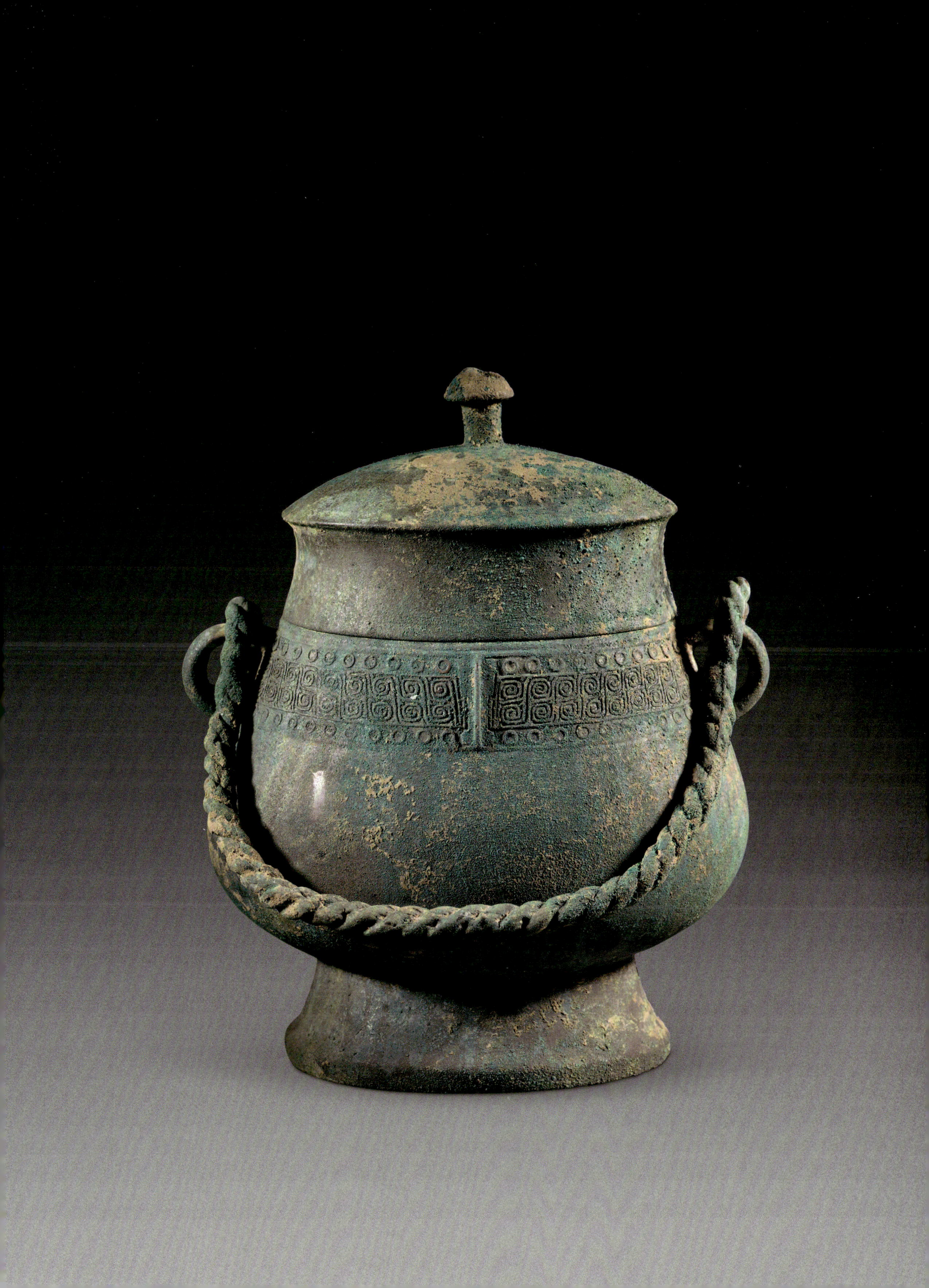

05 大万父辛爵
Bronze *Jue* (wine vessel) for Fu Xin, a chief music and dance officer

西周早期（公元前 11 世纪）
高 21 厘米　流至尾长 17.9 厘米　重 896 克

Early Western Zhou dynasty (11th century BCE)
Height: 21 cm
Length from mouth to tail: 17.9 cm
Weight: 896 g

　　宽流尖尾、体呈长卵形，近流折处有一对菌状柱，其下有兽首半环形鋬，三棱形足外撇。腹部饰一圈兽面纹。鋬下有铭四字"大万父辛"，"万"为从事乐舞之人，"大万"为"万"之官长。

　　本器原藏美国纽约克里斯丁·R·霍姆斯，见于陈梦家先生《美国所藏中国铜器集录》。

（韦心滢）

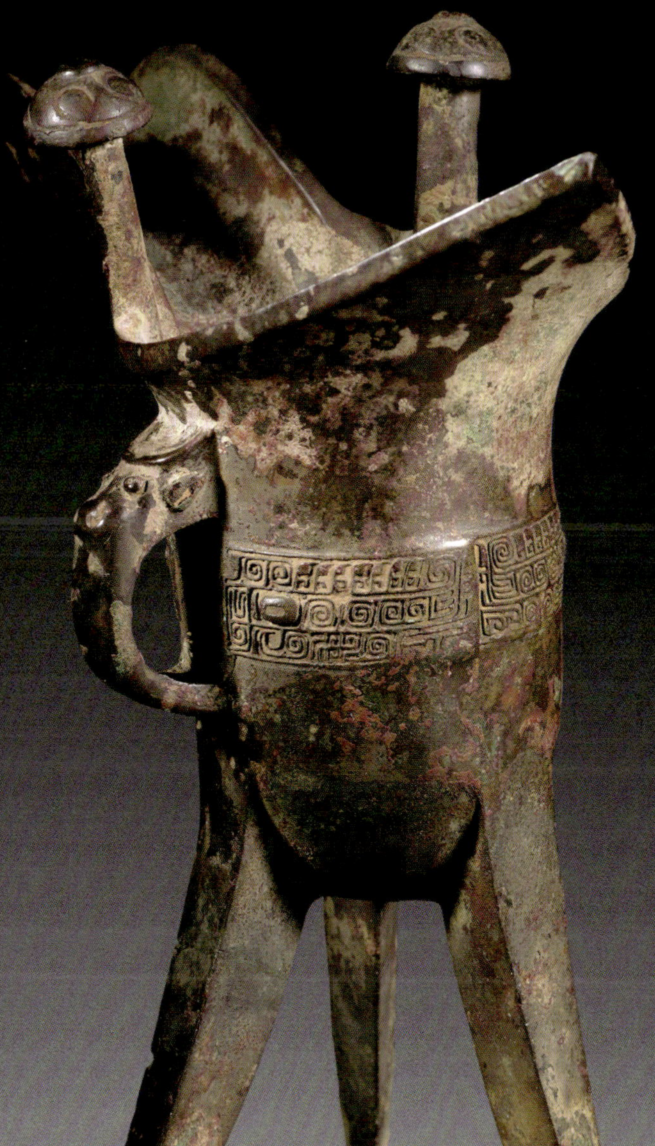

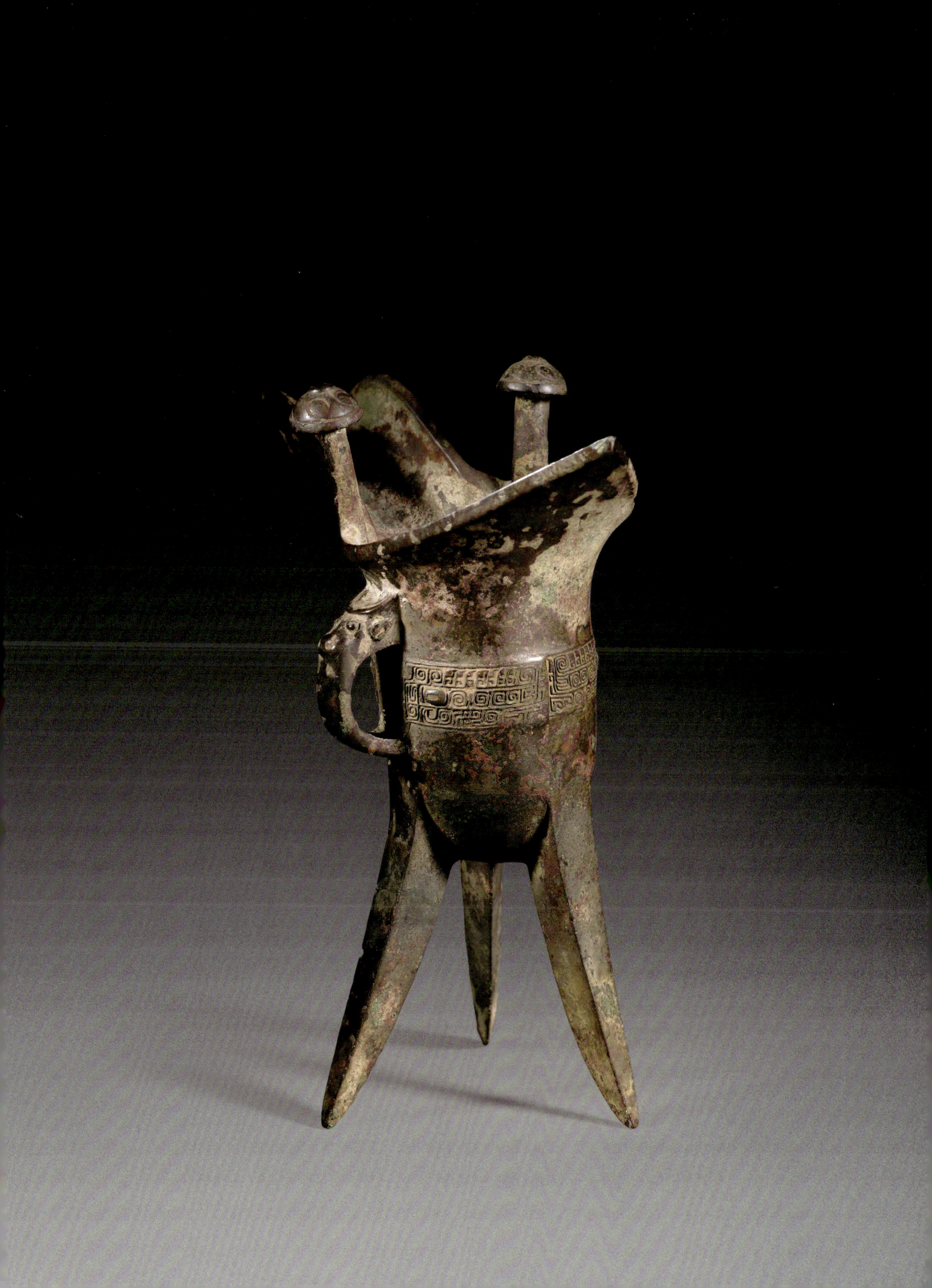

36

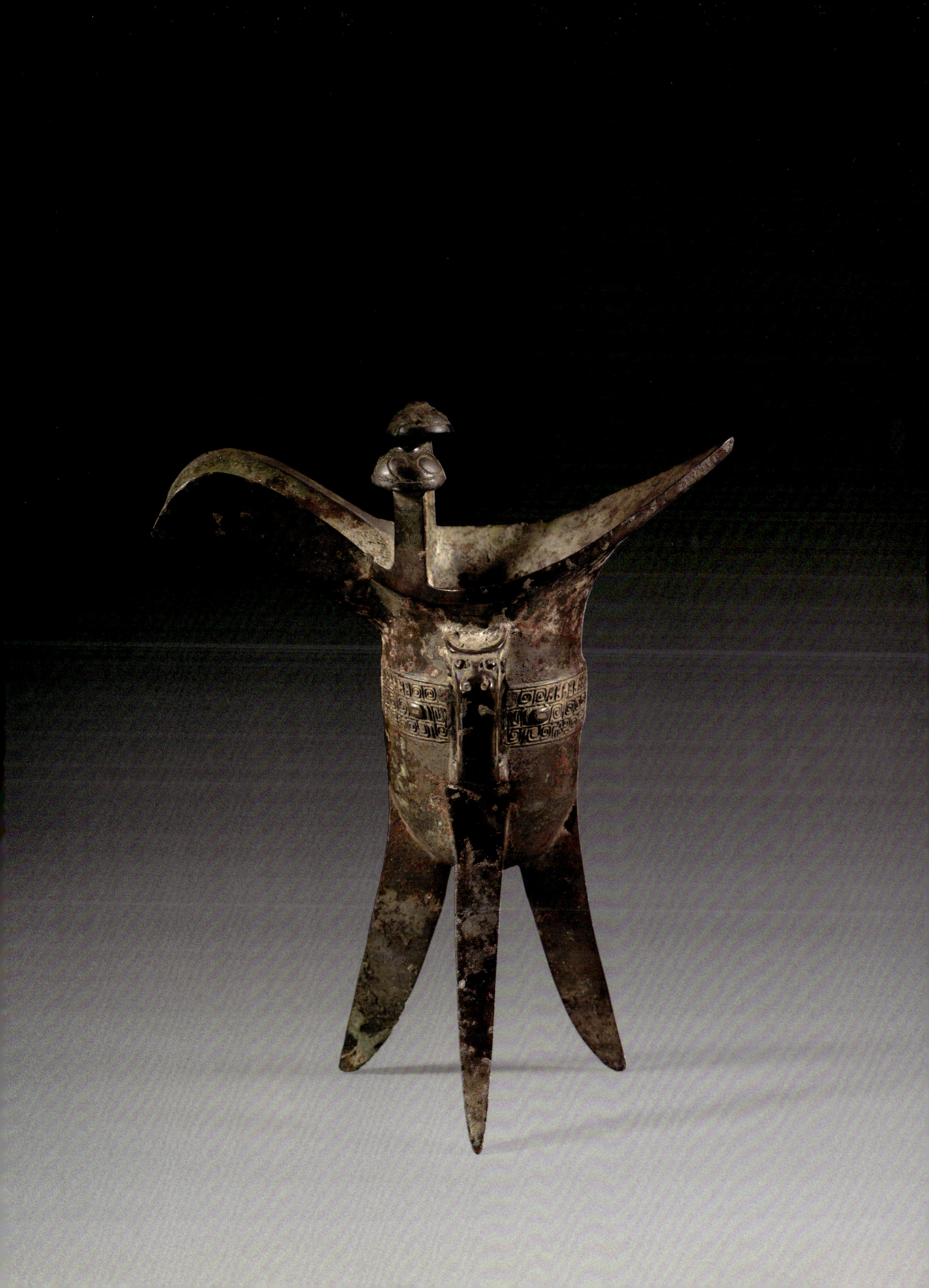

06 兽面纹鼎
Bronze *Ding* (food vessel) with animal mask design

西周早期（公元前 11 世纪）
高 24.5 厘米　口径 18.9 厘米　重 2911 克

Early Western Zhou dynasty (11th century BCE)
Height: 24.5 cm
Diameter of mouth: 18.9 cm
Weight: 2,911 g

敞口方唇，平沿外折，口沿上有双立耳，深圆腹，腹壁近直，下收成圜底，底部接三柱形足。口沿下饰兽面纹，余为素面，整体质朴庄重。

鼎在古代为烹煮或盛装肉类的食器，亦是具有较高等级身份贵族才能拥有的礼器。

（韦心滢）

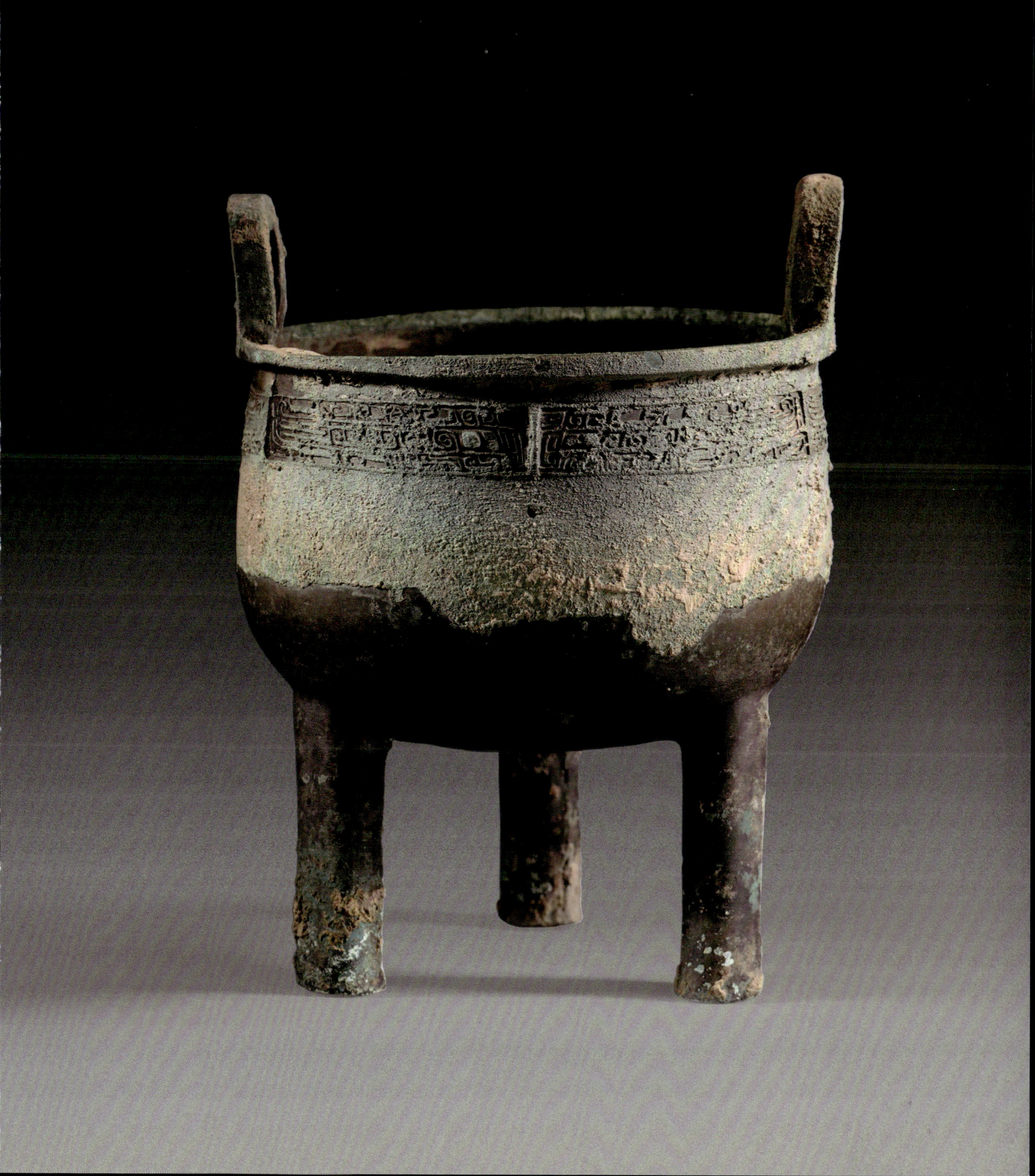

07 龙纹簋
Bronze *Gui* (food vessel) with dragon design

西周中期（公元前 11 世纪末—前 10 世纪末）
高 13.4 厘米　口径 20.5 厘米　重 1772 克

Mid-Western Zhou dynasty (end of 11th – end of 10th century BCE)
Height: 13.4 cm
Diameter of mouth: 20.5 cm
Weight: 1,772 g

侈口束颈、垂鼓腹、圈足沿外撇成直阶，一对兽首半环耳，下接方形小珥。颈部以浮雕兽首为中轴，左右各饰对称顾龙纹，龙首有长而卷曲的飘带，以云雷纹铺地。

簋为古人盛放黍稷之食器。在墓葬中，常见鼎、簋搭配组合，成为身份阶级的标志与象征。

（韦心滢）

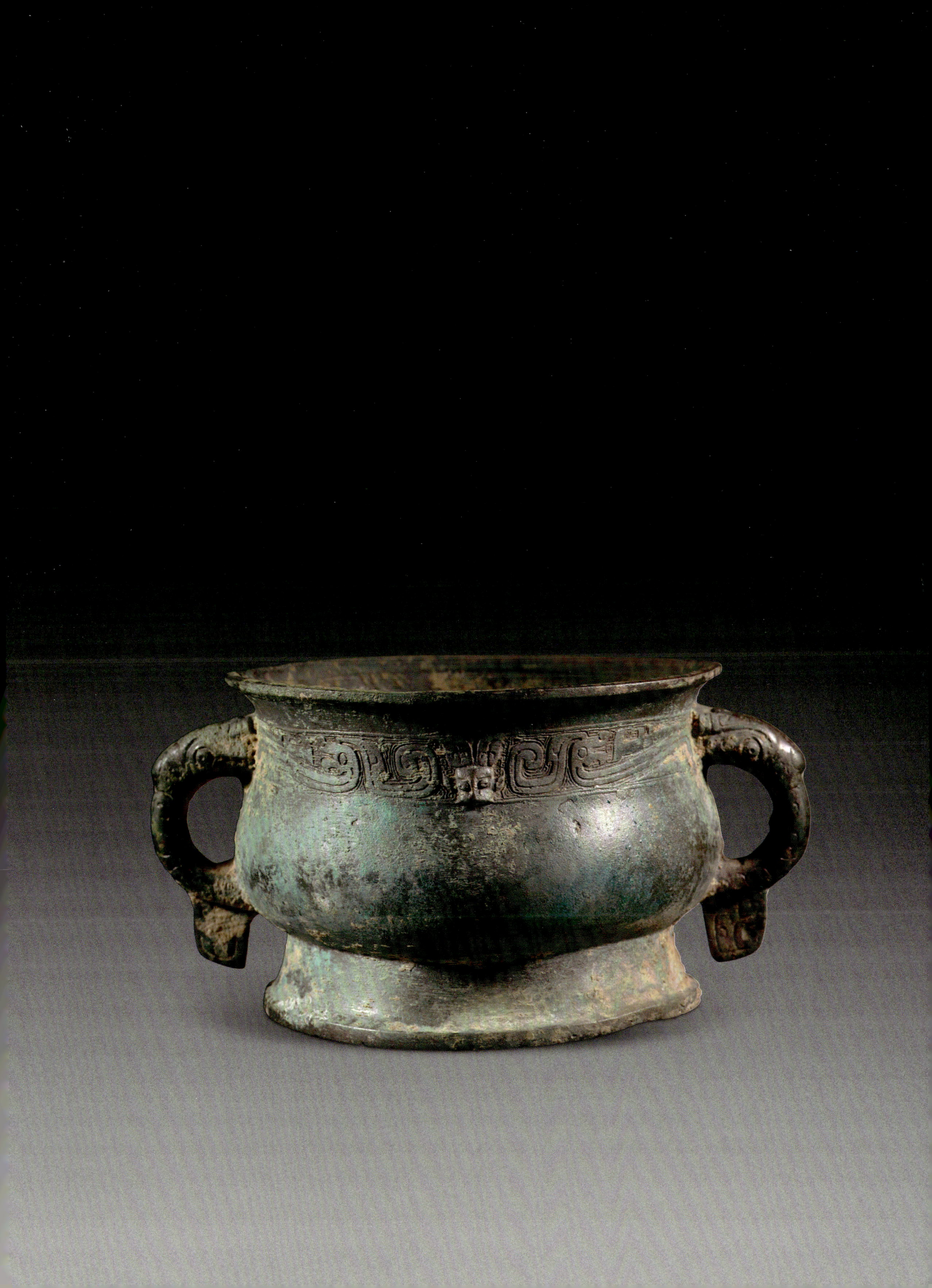

08 龙纹鼎
Bronze *Ding* (food vessel) with dragon design

春秋早期（公元前 770 年—前 7 世纪上半叶）
高 23 厘米　口径 20.2 厘米　重 3765 克

Early Spring and Autumn period (770 – first half of 7th century BCE)
Height: 23 cm
Diameter of mouth: 20.2 cm
Weight: 3,765 g

　　折沿方唇，深卵形腹，口沿上有两立耳，耳上突起方形钮，腹壁向下内收成圜底，腹下端接三粗蹄足，足跟极度膨大，足上有一道箍筋，显得十分有力。口沿下周饰直角弯转勾连而成极具特色的蟠龙纹，下腹部以一圈波曲纹和一圈蟠龙纹组构而成。整体粗犷厚重，其独特的纹饰呈现浓厚的秦式风格。

（韦心滢）

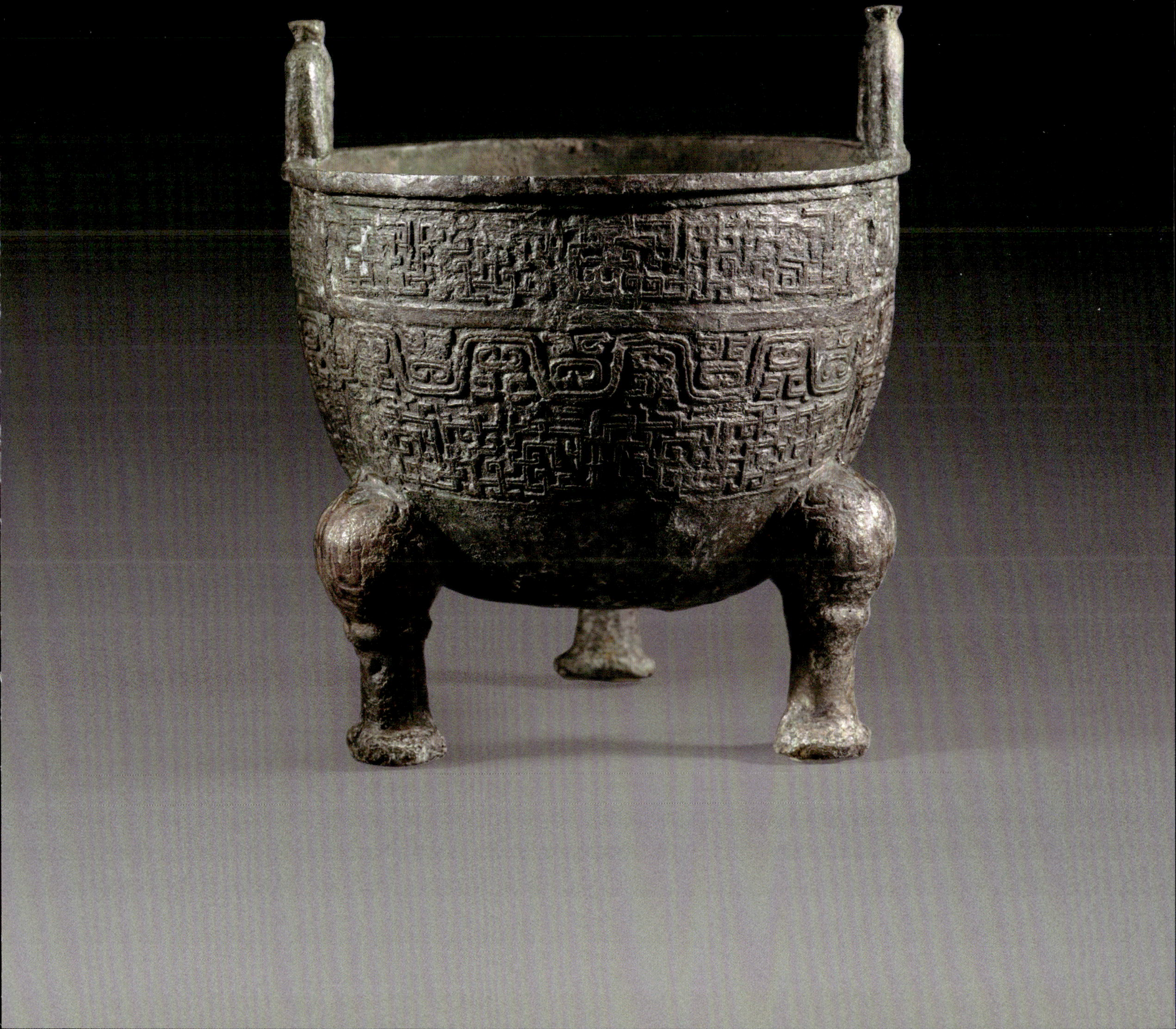

09 鳞纹簋（两件）
Bronze *Gui* (food vessel) with scale pattern (two pieces)

春秋早期（公元前 770 年—前 7 世纪上半叶）
第一件：高 11.2 厘米　口径 11.7 厘米　重 1446 克
第二件：高 11.4 厘米　口径 11.5 厘米　重 1656 克

Early Spring and Autumn period (770 – first half of 7th century BCE)
Height: 11.2 cm, 11.4 cm
Diameter of mouth: 11.7 cm, 11.5 cm
Weight: 1,446 g, 1,656 g

　　一组两件，大小相近。敛口浅腹，腹壁近直，向下内收成圜底，底接外撇圈足呈矮阶。器腹两侧各接一半环兽形耳。口上承盖，有圈足状捉手。盖沿与器腹均饰重环纹。从本器体积较一般青铜簋为小来看，应非实用之礼器，可能为随葬使用之明器。

（韦心滢）

第一件

第二件

10 龙纹鼎
Bronze *Ding* (food vessel) with dragon design

春秋中期（公元前 7 世纪上半叶—前 6 世纪上半叶）
高 29 厘米　口径 29.7 厘米　重 5257 克

Mid-Spring and Autumn period (first half of 7th – first half of 6th century BCE)
Height: 29 cm
Diameter of mouth: 29.7 cm
Weight: 5,257 g

　　折口平沿，口沿上有双立耳微曲外撇，深圆腹，腹壁向下内收成圜底，底部接三兽形足，足跟膨大。器身通体饰交缠的卷鼻龙纹，耳部外侧饰直角交缠龙纹，耳部内侧为素面，足跟饰兽面纹，下突出一箍筋。整体敦厚庄重、大气磅礴。

（韦心滢）

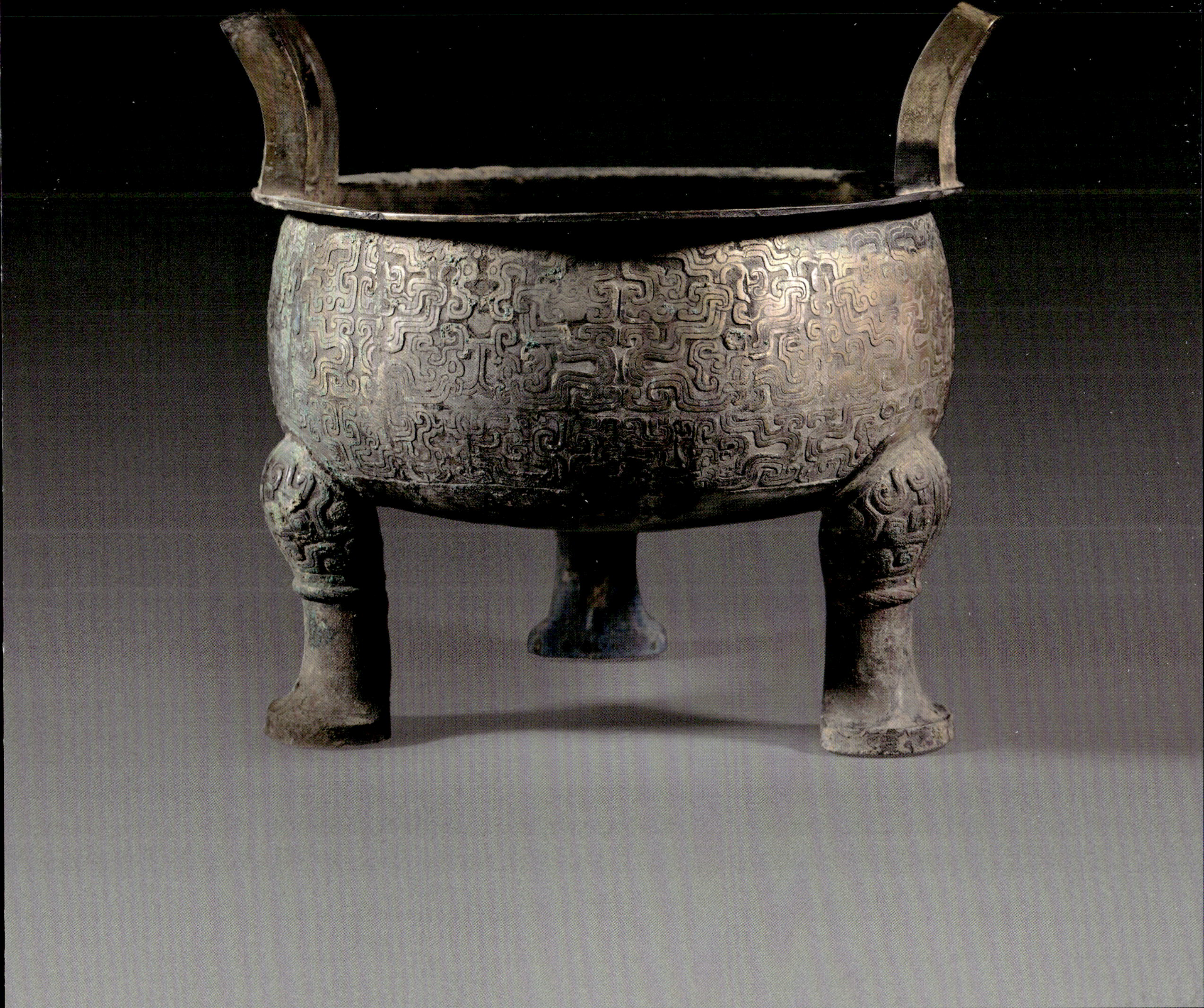

11 交龙纹鼎

Bronze *Ding* (food vessel) with intertwined-dragon pattern

春秋晚期（公元前 6 世纪上半叶—前 476 年）
高 24.7 厘米　口径 21.5 厘米　重 2636 克

Late-Spring and Autumn period (first half of 6th century – 476 BCE)
Height: 24.7 cm
Diameter of mouth: 21.5 cm
Weight: 2,636 g

　　直口、半球形腹、双附耳，腹壁向下内收成圜底，下接三蹄足，口上承盖，有喇叭状捉手。腹部装饰彼此交缠的交龙纹，中腹突起一道箍筋，下腹饰一圈垂叶三角纹。器盖满饰交龙纹，捉手饰双线勾勒的交龙纹，以谷纹铺地。整器纹饰致密、庄重典雅，充分展现春秋时期青铜器的特色。

（韦心滢）

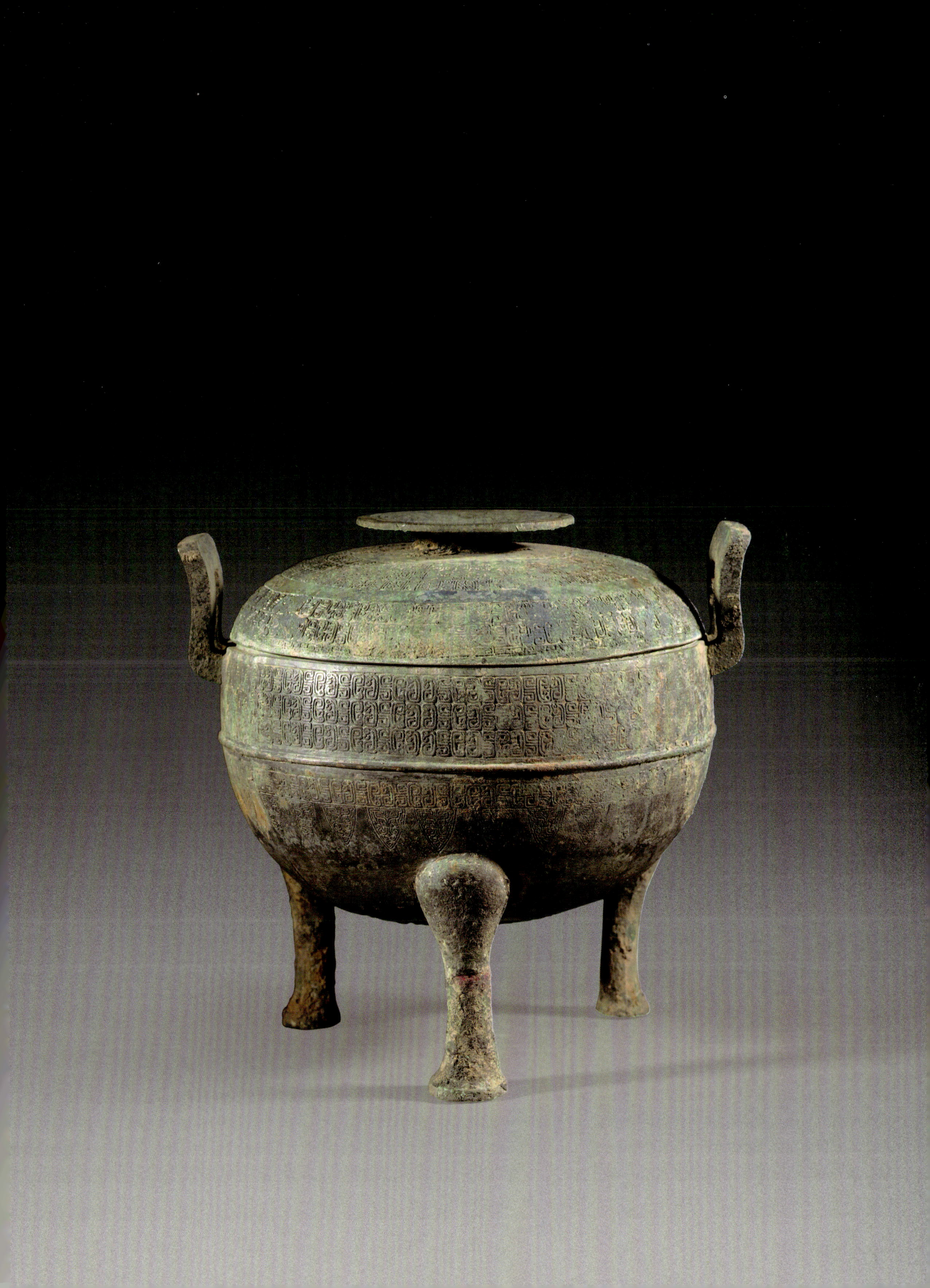

12 蟠龙纹鼎

Bronze *Ding* (food vessel) with coiled-dragon pattern

春秋晚期（公元前 6 世纪上半叶—前 476 年）
高 24.5 厘米　口径 19.3 厘米　重 2671 克

Late Spring and Autumn period (first half of 6th century – 476 BCE)
Height: 24.5 cm
Diameter of mouth: 19.3 cm
Weight: 2,671 g

　　直口、半球形腹，腹壁向下内收成圜底，口沿下腹壁两侧接附耳，附耳略向外撇，口上承盖，盖面呈坡状，有圈足状捉手，器底下接三蹄足。器盖与器身通体饰蟠龙纹，鼎耳外侧饰云雷纹，捉手正中凹陷部饰一蜷曲攀爬状之蟠龙，余饰双线勾勒的蟠龙纹。整体精细致密、用铜讲究，充分展现春秋晚期的青铜制作工艺。

（韦心滢）

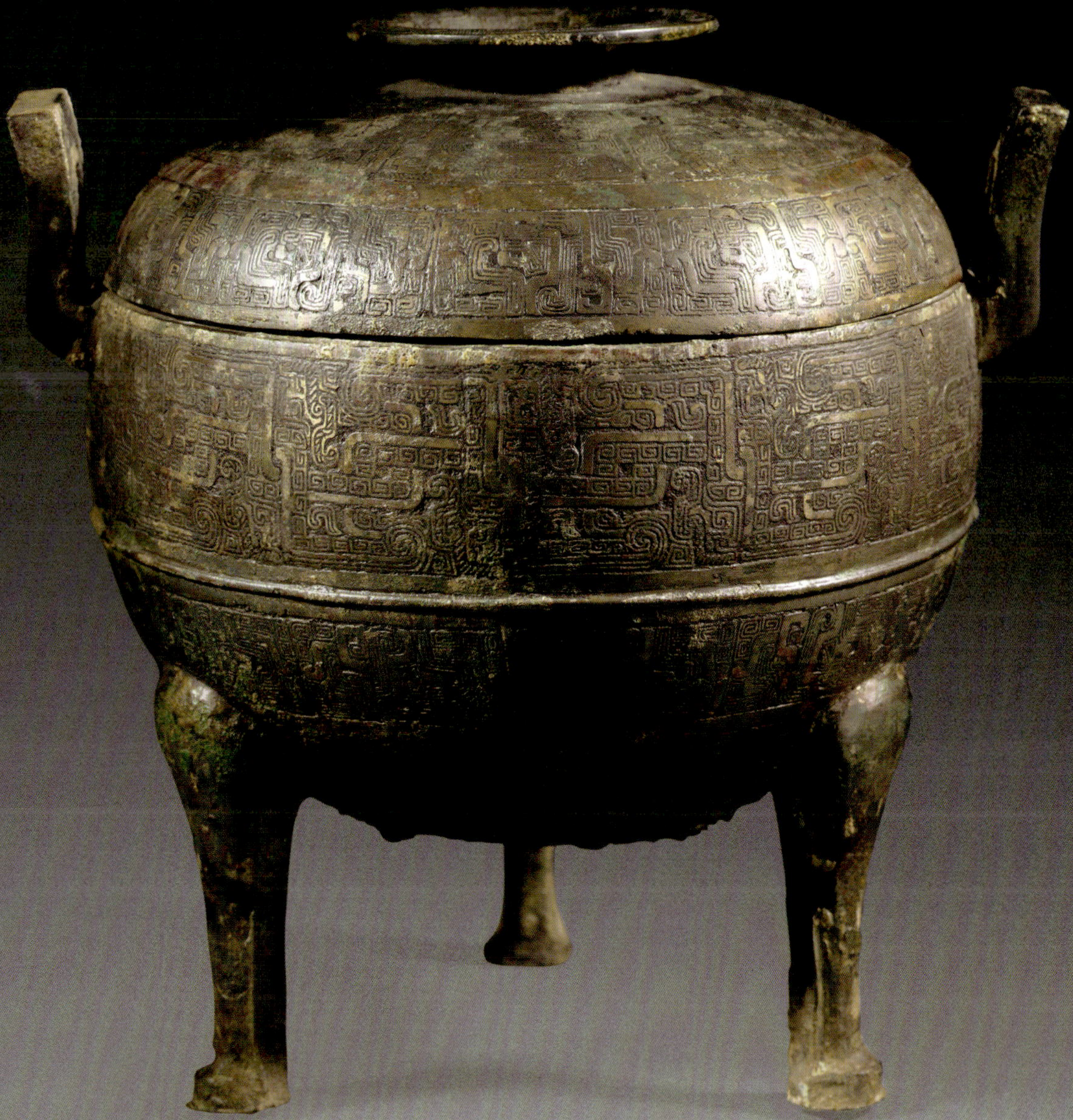

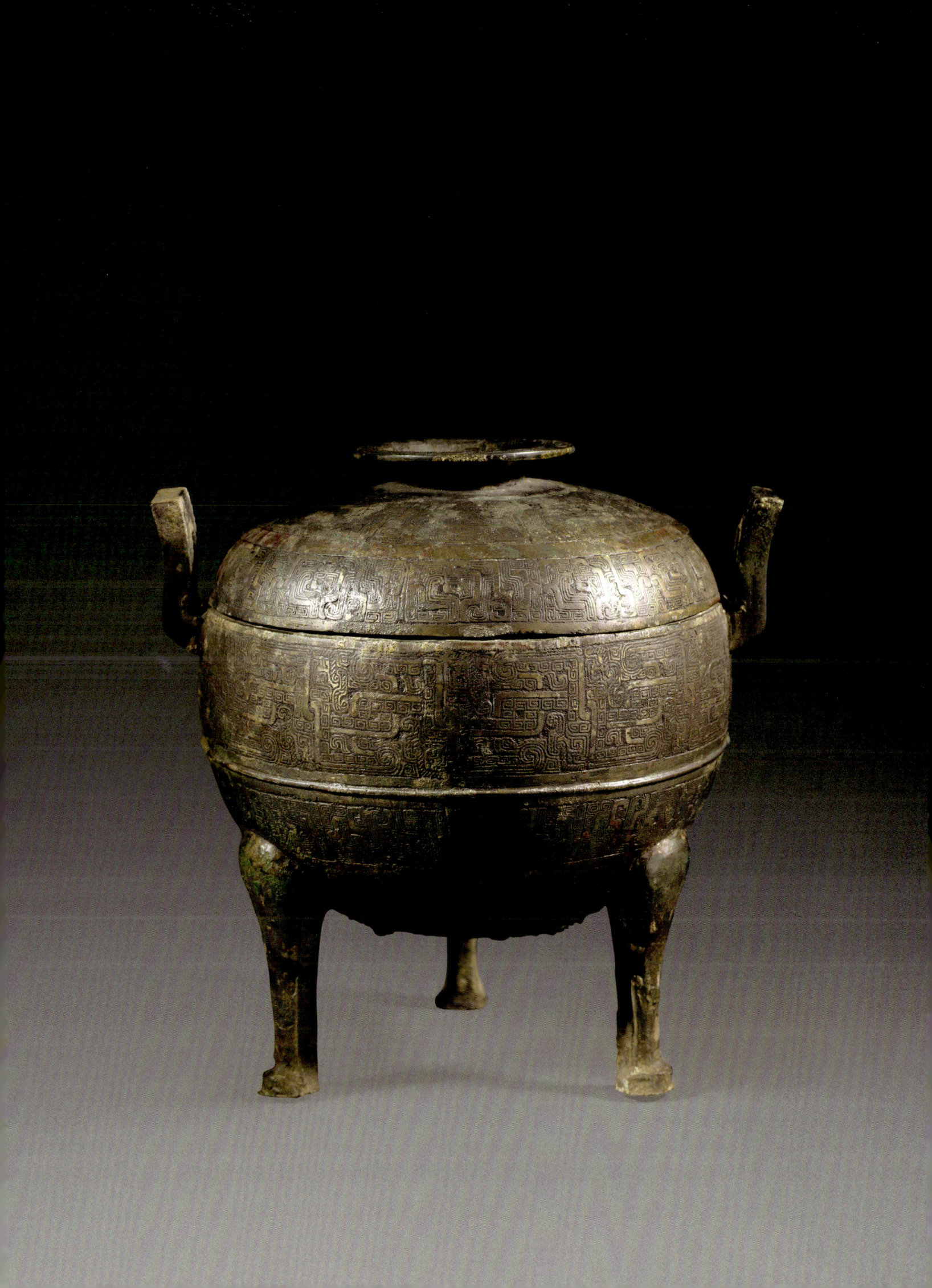

13 交龙纹鼎
Bronze *Ding* (food vessel) with intertwined-dragon pattern

春秋晚期（公元前 6 世纪上半叶—前 476 年）
高 21.4 厘米　口径 21.5 厘米　重 3845 克

Late Spring and Autumn period (first half of 6th century – 476 BCE)
Height: 21.4 cm
Diameter of mouth: 21.5 cm
Weight: 3,845 g

　　直口微敛，浅腹圜底，下接三蹄足，足跟膨大，口沿下有两附耳。上承盖，盖面平直，中央有一环形钮，外侧分置三曲尺状捉手，可却置。类似形制尚见于山东临淄姚王村出土的国子鼎。腹部以一圈突起的绳纹分成上下两层，满饰细密勾连的交龙纹。盖面纹饰繁复，以四圈宽窄不一的纹饰带构成瑰丽华美的视觉效果。第一圈为细密勾连的交龙纹，第二圈为两龙前后交缠，第三圈为上下两层三角纹夹一道绳纹，第四圈为两小龙纠结成双"8"字形的蟠龙纹。纹饰带间以素面过渡，呈现一虚一实的整体效果。

（韦心滢）

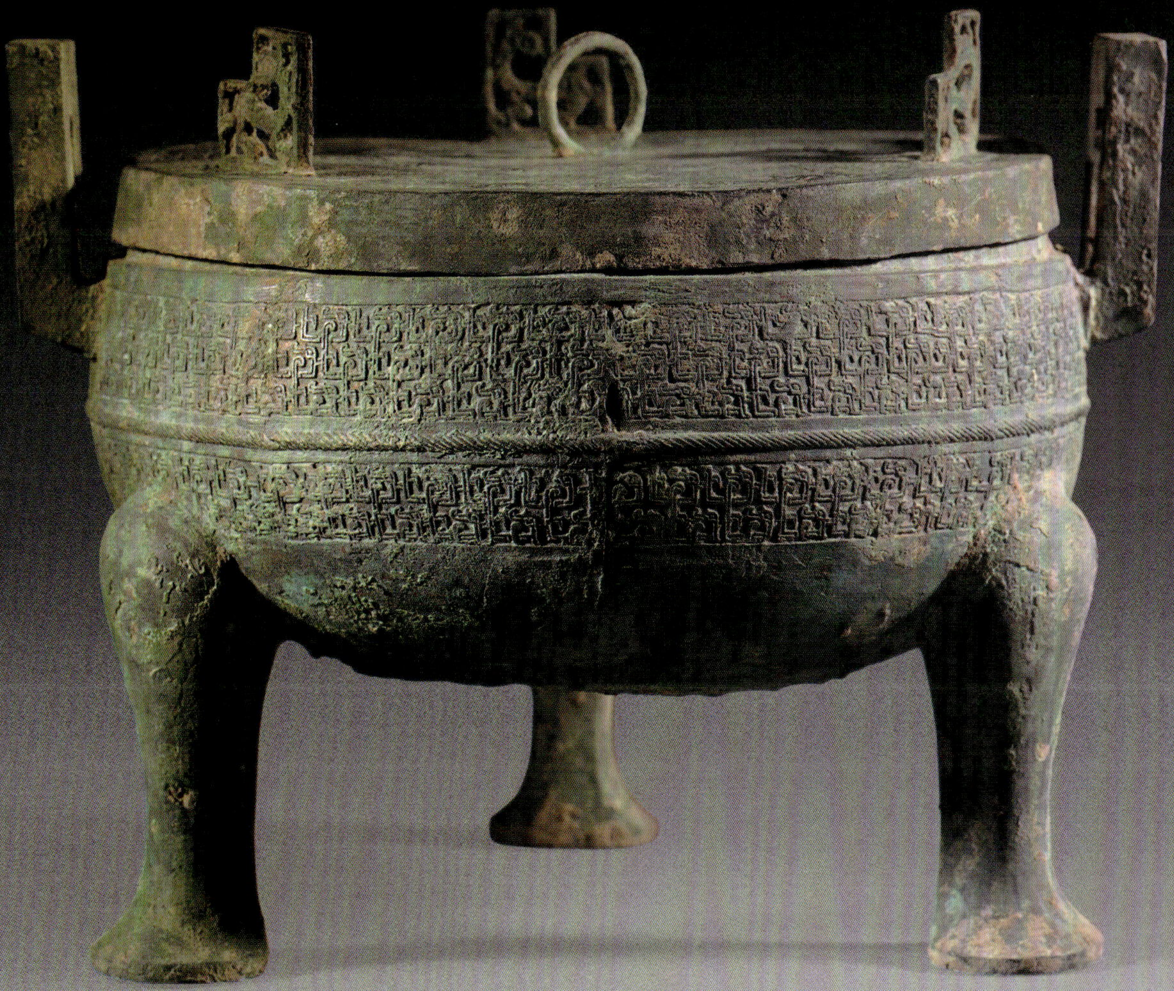

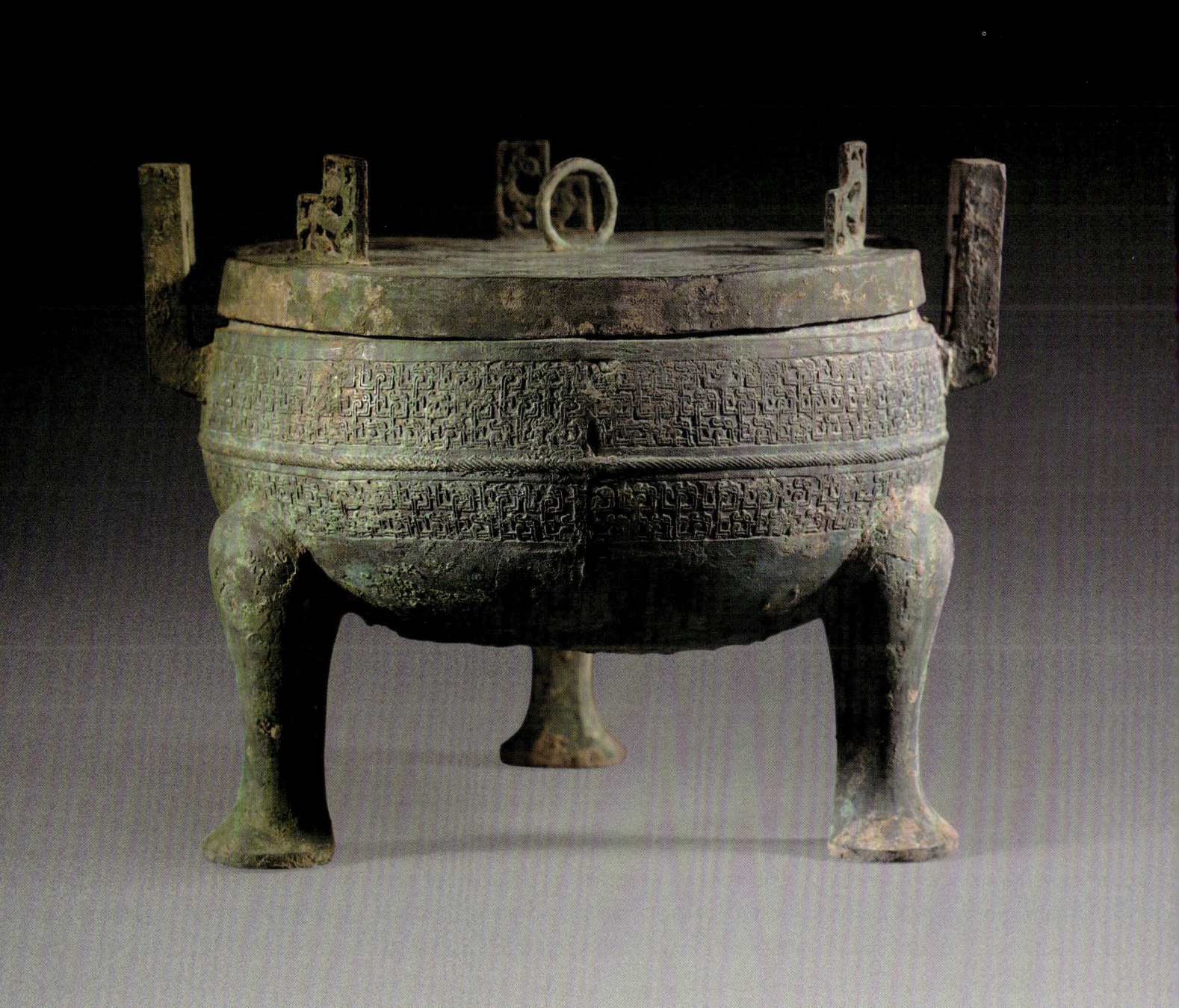

14 卷龙纹鼎
Bronze *Ding* (food vessel) with coiled-dragon pattern

春秋晚期（公元前 6 世纪上半叶—前 476 年）
高 28.2 厘米　口径 28 厘米　重 8559 克

Late Spring and Autumn period (first half of 6th century – 476 BCE)
Height: 28.2 cm
Diameter of mouth: 28 cm
Weight: 8,559 g

　　体呈半球形，深腹圜底、双附耳略向外撇，三蹄形足。子口上承盖，盖面呈缓坡状，上有三环形钮。盖面、鼎耳满饰卷龙纹，器腹中部饰一道浮凸绹纹，将鼎腹纹饰分成上下两个区块，上半部为三列交错的卷龙纹，下半部为二列对称的卷龙纹，规则中求变化，展现工匠独特的艺术巧思。铜胎厚实、质精艺高，即便锈迹斑斑，仍掩不住流光溢彩、闪烁贵气。

（韦心滢）

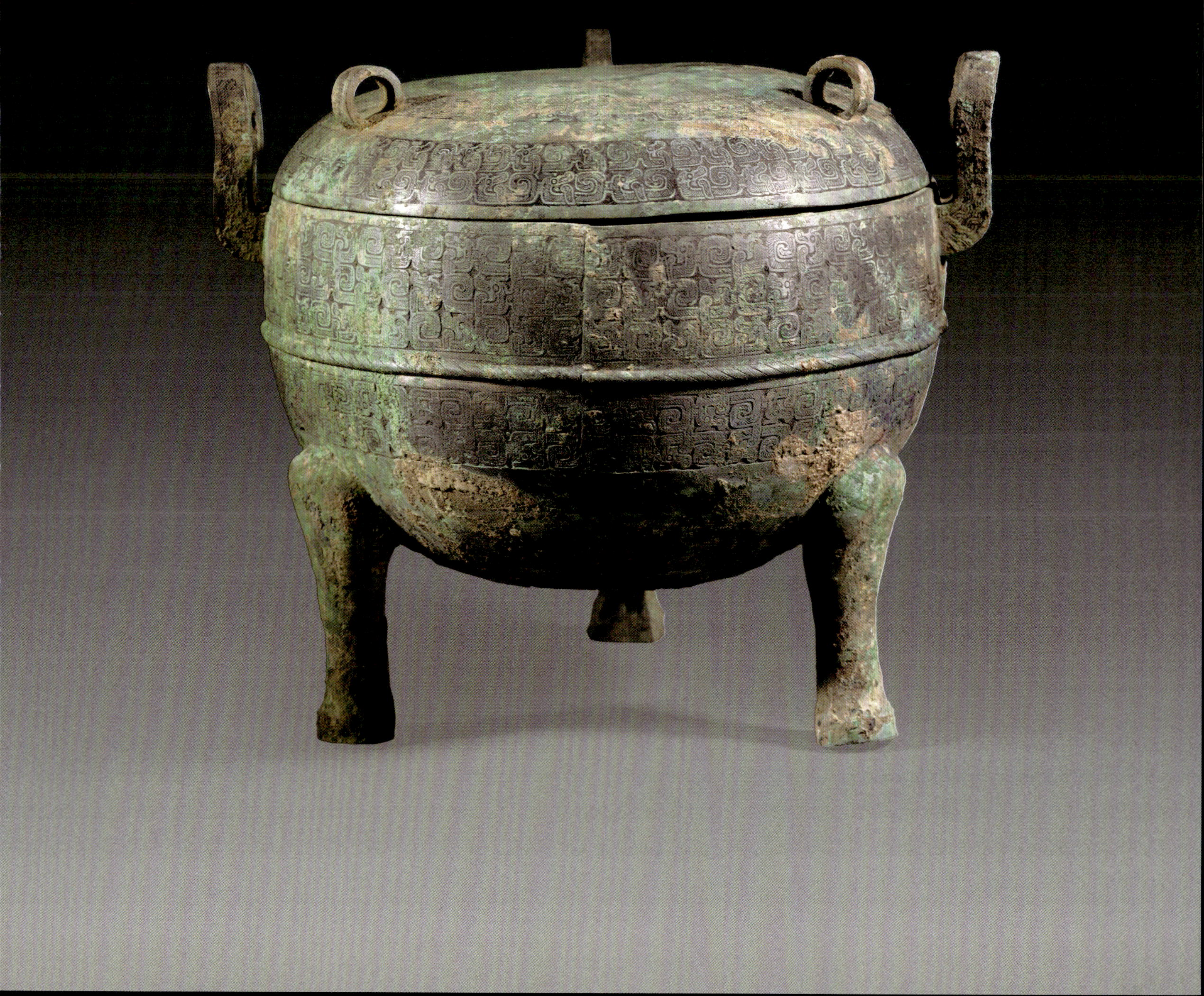

15 交龙纹簠
Bronze *Fu* (food vessel) with intertwined-dragon pattern

春秋晚期（公元前 6 世纪上半叶—前 476 年）
高 19.5 厘米　口横 30.4 厘米　重 6364 克

Late Spring and Autumn period (first half of 6th century – 476 BCE)
Height: 19.5 cm
Width of mouth: 30.4 cm
Weight: 6,364 g

　　盖器同大、上下对称，可相互扣合。直口斜壁，短边两侧各有一兽首环形耳，上下有矩形圈足，四边开有壸门形缺口。盖上共有六个兽首边卡，加于器上可保持稳定密合。通体饰细密勾连的交龙纹，此种纹饰特征是以图像单元的形式重复出现，制作工艺采用模型压印于外范，即一印为一个图像单元。此种纹饰的变化说明了青铜器制范工艺的重要改革。

（韦心滢）

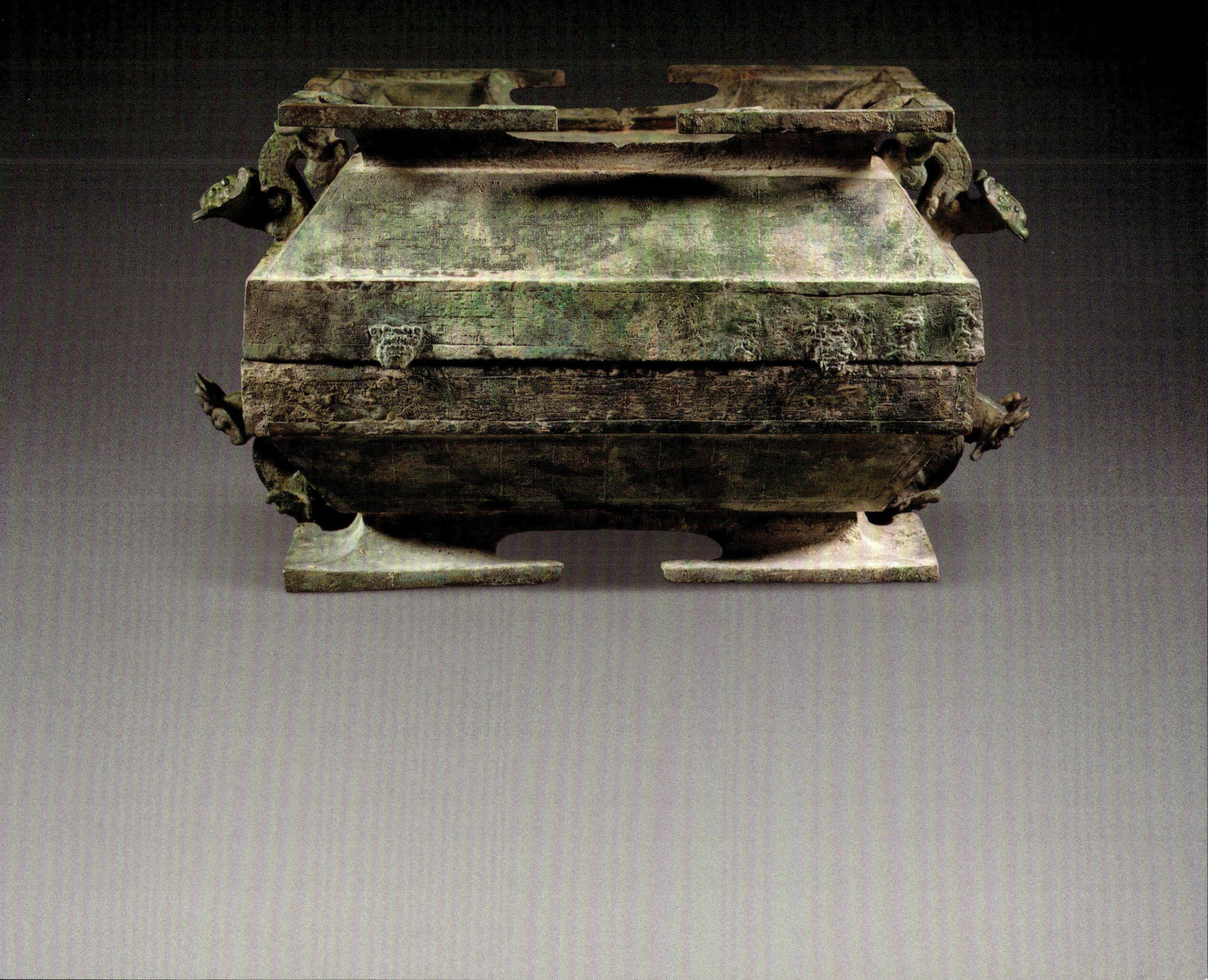

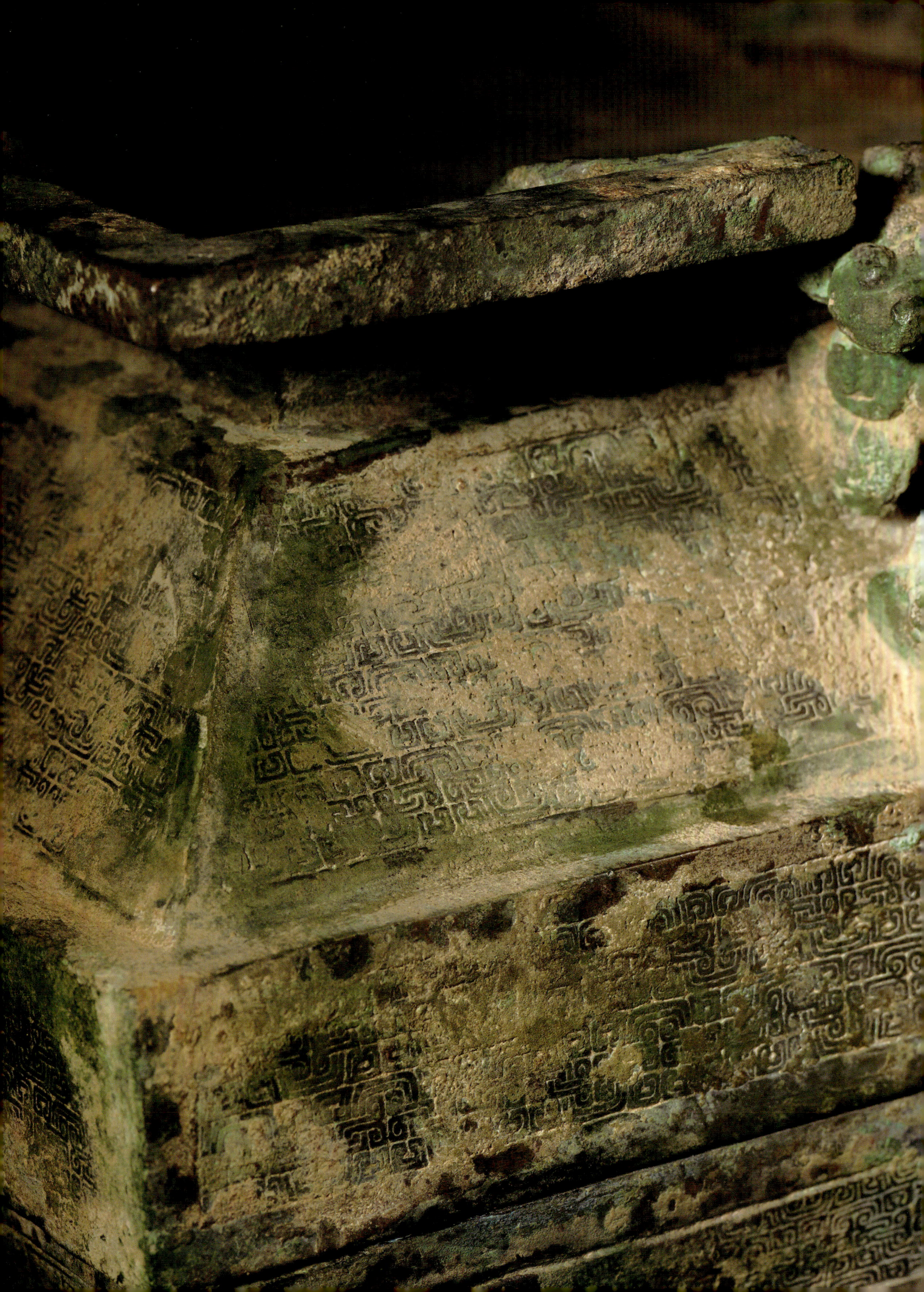

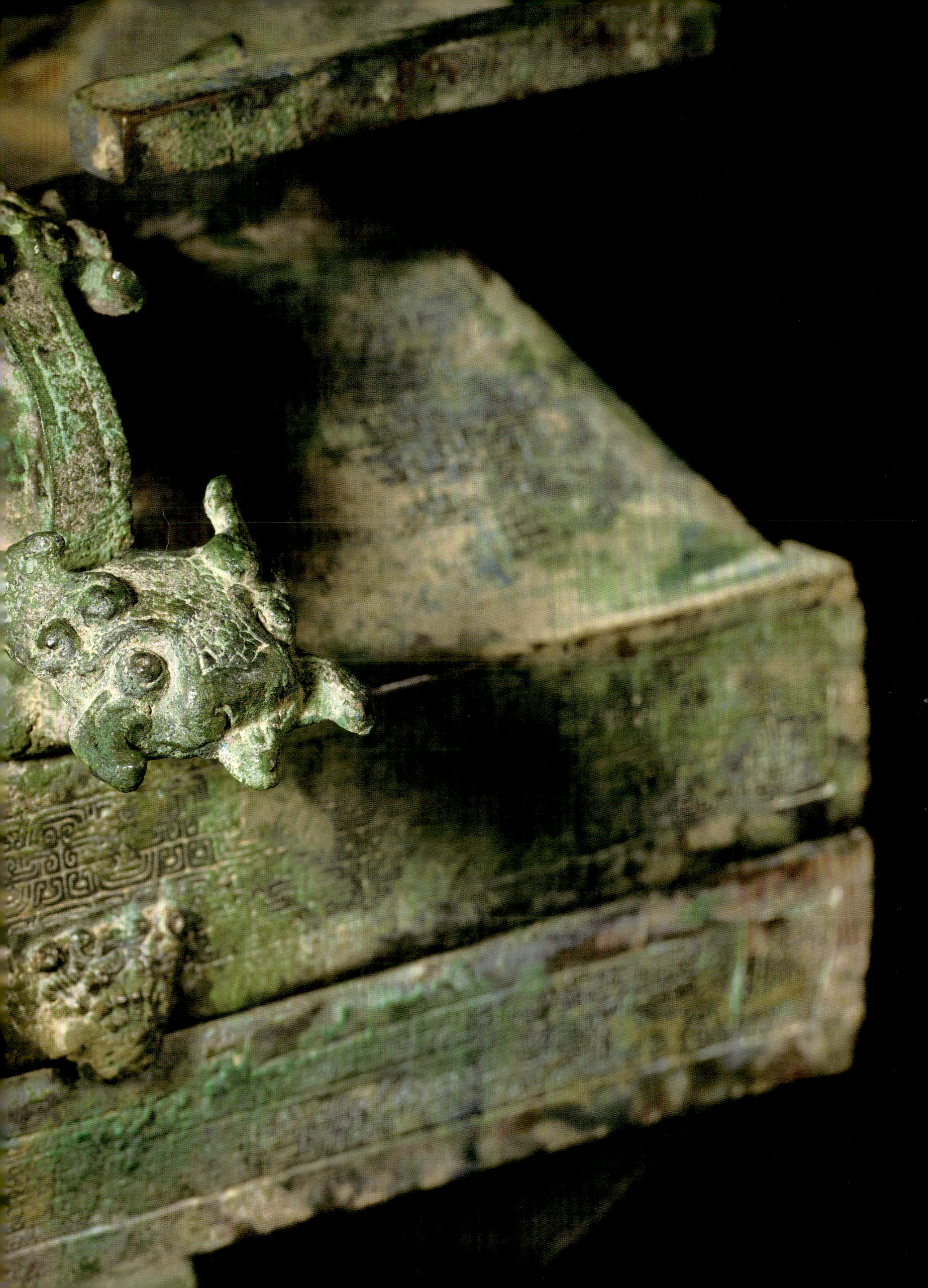

16 交龙纹钟（四件）
Bronze *Zhong* (bell) with intertwined-dragon pattern (four pieces)

春秋晚期（公元前 6 世纪上半叶—前 476 年）
第一件：高 31.8 厘米　铣间 19.1 厘米　重 2885 克
第二件：高 29.6 厘米　铣间 17.4 厘米　重 2476 克
第三件：高 28.6 厘米　铣间 15.9 厘米　重 1785 克
第四件：高 23.6 厘米　铣间 14.3 厘米　重 1411 克

Late Spring and Autumn period (first half of 6th century – 476 BCE)
Height: 31.8 cm, 29.6 cm, 28.6 cm, 23.6 cm
Length between mouth tips: 19.1 cm, 17.4 cm, 15.9 cm, 14.3 cm
Weight: 2,885 g, 2,476 g, 1,785 g, 1,411 g

扁环钮、素枚、深于、狭长钟体，于口呈弧形。舞部、篆间、鼓部同饰细密交龙纹，但鼓部处的交龙纹较大，纹饰皆采模印方式制成。本钟的形式为钮钟，一式四件，从大到小依次排列。

钮钟从春秋早期以后开始流行。

（韦心滢）

第一件

第二件

第三件

第四件

17 络纹壶
Bronze *Hu* (wine vessel) with knotted-net pattern

战国（公元前 475 年—前 221 年）
高 30.2 厘米　口径 11 厘米　重 3143 克

Warring States period (475 – 221 BCE)
Height: 30.2 cm
Diameter of mouth: 11 cm
Weight: 3,143 g

侈口曲颈、深扁圆腹，腹部上端两侧有两环钮，器腹下部一面有环形钮，底接椭方形圈足。器身饰络带纹，即以两条绳索交织，形成套结，模仿以绳缠绑壶身貌。

壶为盛酒器。络带纹流行于春秋战国之际，亦称作绚纹。

（韦心滢）

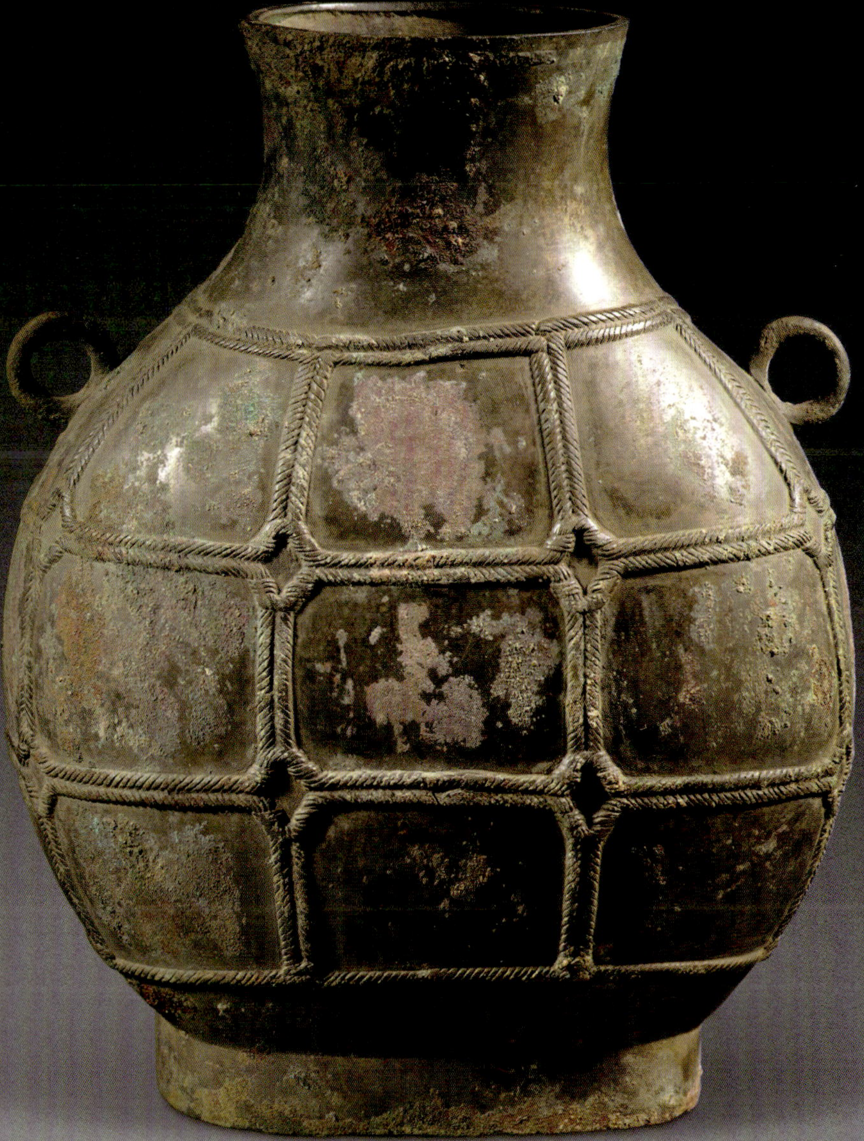

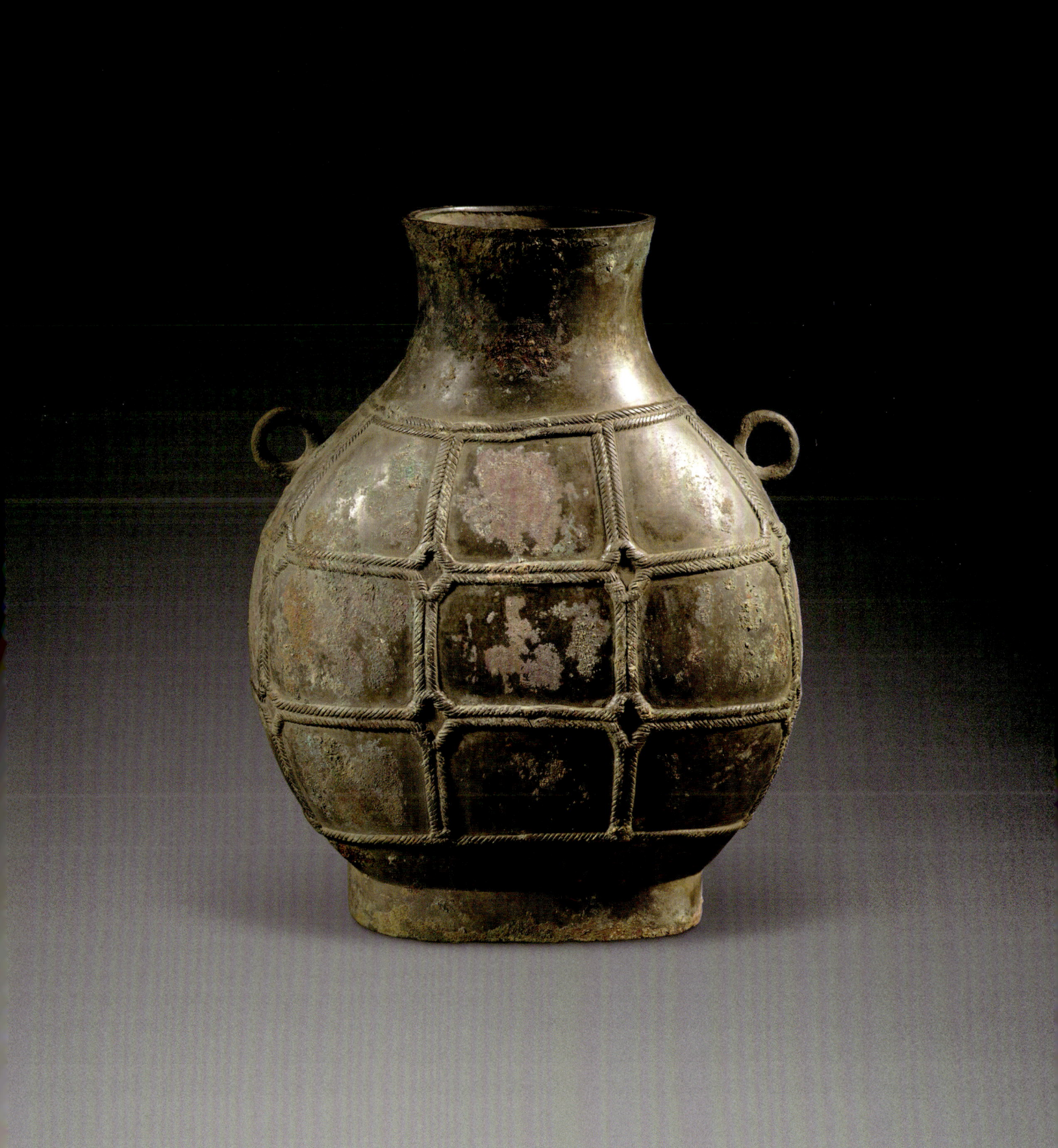

18 弦纹鍑
Bronze *Fu* (food vessel) with string pattern

战国（公元前 475 年—前 221 年）
高 32 厘米　口径 29.8 厘米　重 6167 克

Warring States period (475 – 221 BCE)
Height: 32 cm
Diameter of mouth: 29.8 cm
Weight: 6,167 g

　　敞口折沿、深圆腹，腹壁近直向下内收成圜底，底接圈足外撇成直阶，口沿上有双立耳、耳上有方钮。整器素面无纹，仅在腹部饰一道弦纹，朴实无华、质素简练。

　　鍑为东周时期流行在北方草原地区的食器，属于北方式青铜器。

（韦心滢）

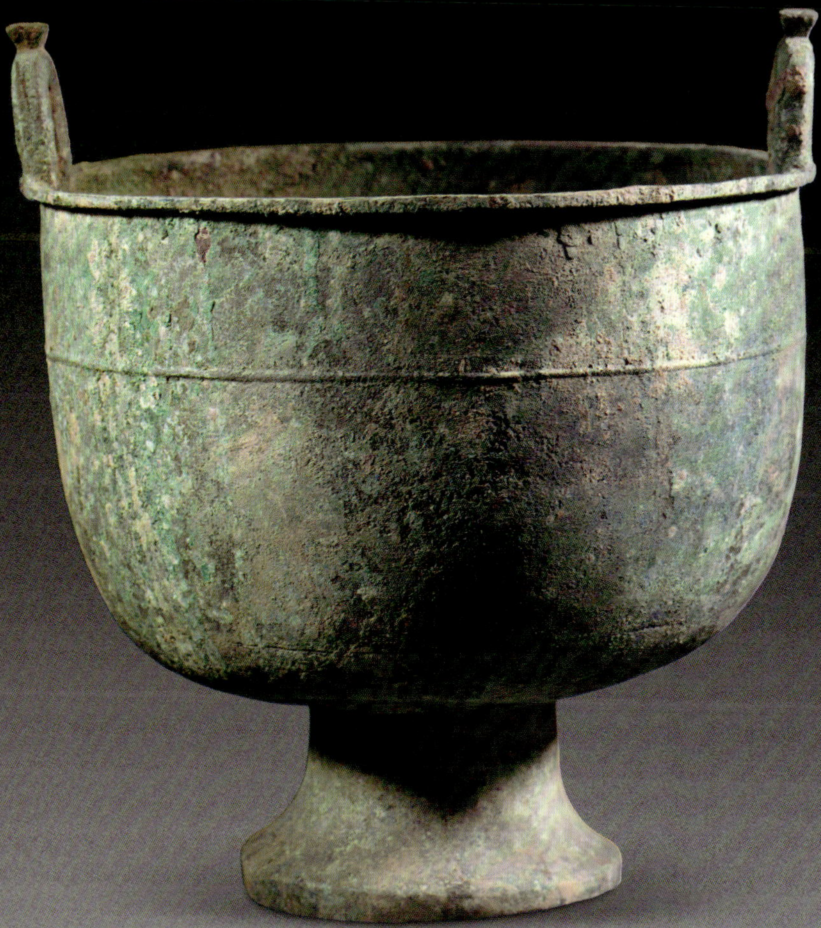

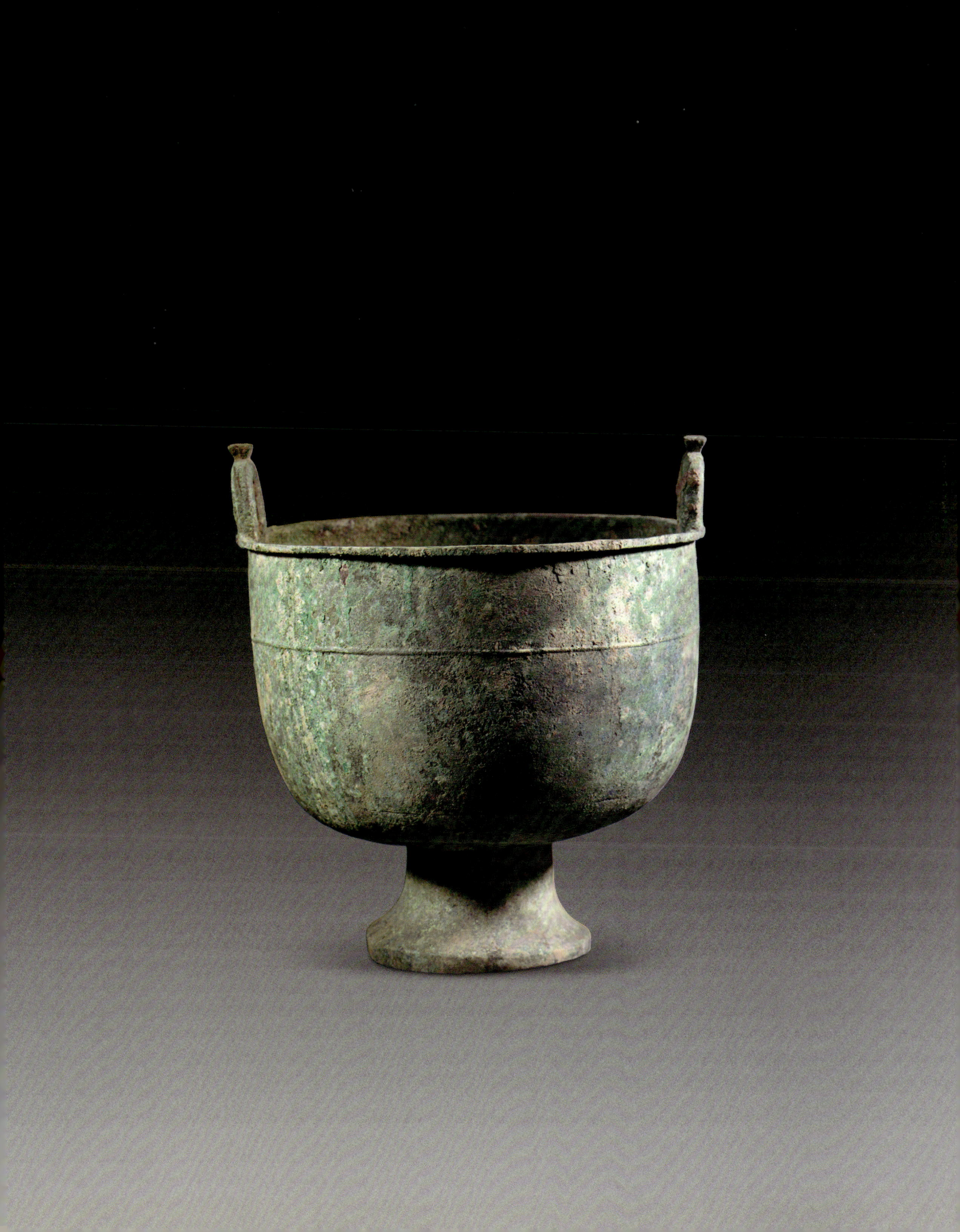

19 彩绘云纹壶

Bronze *Hu* (wine vessel) with coloured cloud pattern

西汉（公元前 206 年—8 年）
高 18.1 厘米　口径 7 厘米　重 660 克

Western Han dynasty (206 BCE – 8)
Height: 18.1 cm
Diameter of mouth: 7 cm
Weight: 660 g

　　敞口曲颈、圆腹，腹部两侧有兽首衔环，底部有圈足，口上承盖，盖上有环形钮。通体饰云纹，灵动活泼，在庄严中平添一股生气。

　　从纹饰与锈色来看，应与彩绘云纹鼎、彩绘云纹甗为组器。

（韦心滢）

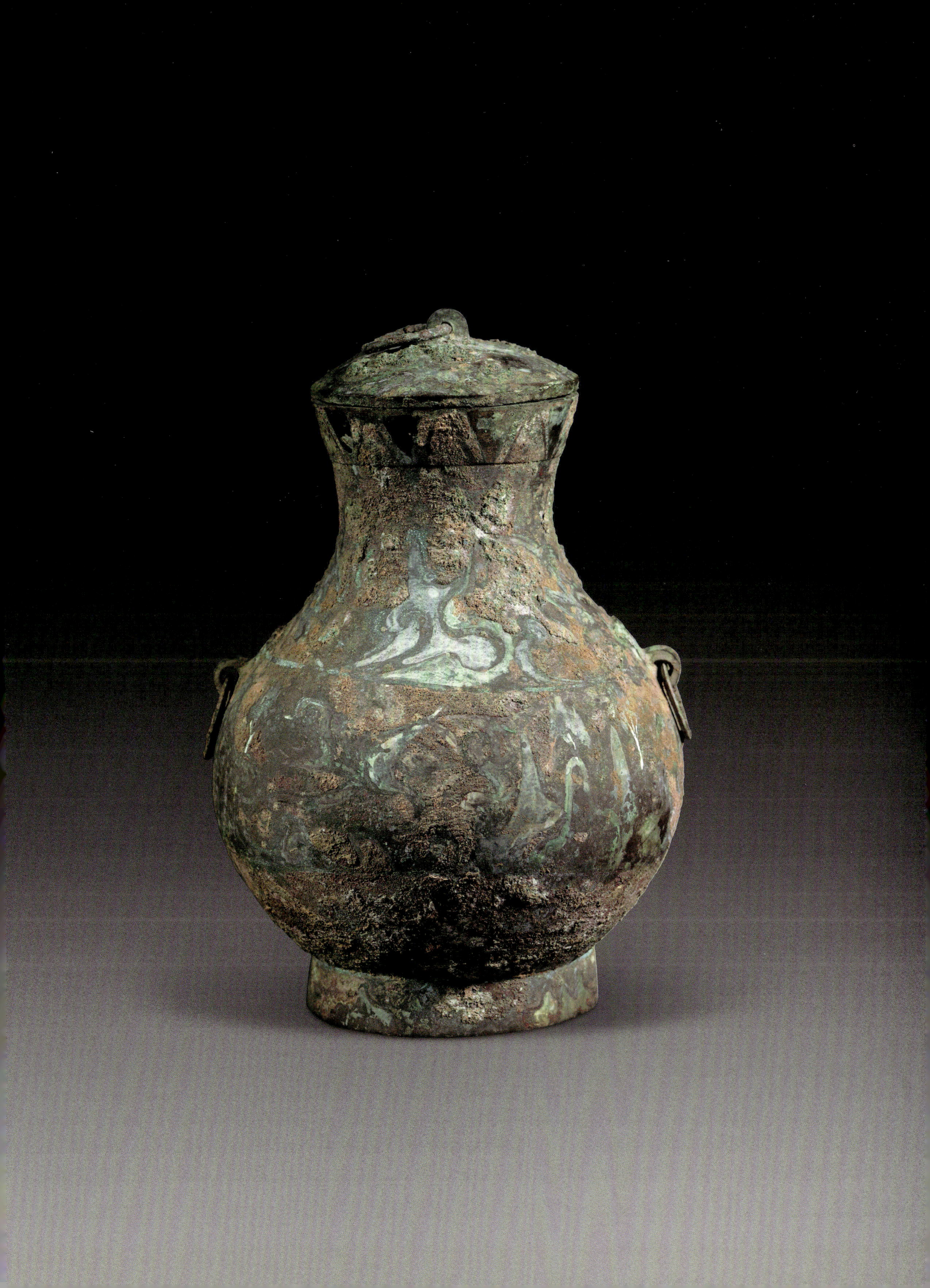

20 彩绘云纹鼎

Bronze *Ding* (food vessel) with coloured cloud pattern

西汉（公元前 206 年—8 年）
高 13.5 厘米　口径 12.5 厘米　重 816 克

Western Han dynasty (206 BCE – 8)
Height: 13.5 cm
Diameter of mouth: 12.5 cm
Weight: 816 g

敛口斜直沿，口沿下有双附耳，深圆腹，腹部有一突棱，腹壁下收成圜底，底部接三熊形足。口上承盖，盖上有三兽形钮。器身通体饰云纹，器盖上饰龟纹，四肢强健、昂头直颈，描绘生动。

从纹饰与锈色来看，应与彩绘云纹甗、彩绘云纹壶为组器。

（韦心滢）

21 彩绘云纹甗

Bronze *Yan* (food vessel set) with coloured cloud pattern

西汉（公元前 206 年—8 年）
高 31 厘米　口径 15.9 厘米　重 1936 克

Western Han dynasty (206 BCE – 8)
Height: 31 cm
Diameter of mouth: 15.9 cm
Weight: 1,936 g

　　敞口平沿、甑腹缓缓向下内收成平底，底部呈箅状，下接圈足，腹壁两侧有环形捉手。釜部口沿平直，与甑部圈足相套形成子母口，体呈扁圆状，中腹突出平沿一周，置于鼎上恰好密合，上腹有两环形捉手，方便取拿。鼎部敞口平沿，腹部下收成圜底，下接三人形足，鼎腹两侧亦有两环形捉手。整体饰云纹，飞舞缭绕、灵动活泼。此甗由甑、釜、鼎三件合组而成，可拆分甑、釜与鼎单独使用，亦可相合成炊器。运用灵活，充分展现汉人的生活智慧。

　　从纹饰与锈色来看，应与彩绘云纹鼎、彩绘云纹壶为组器。

（韦心滢）

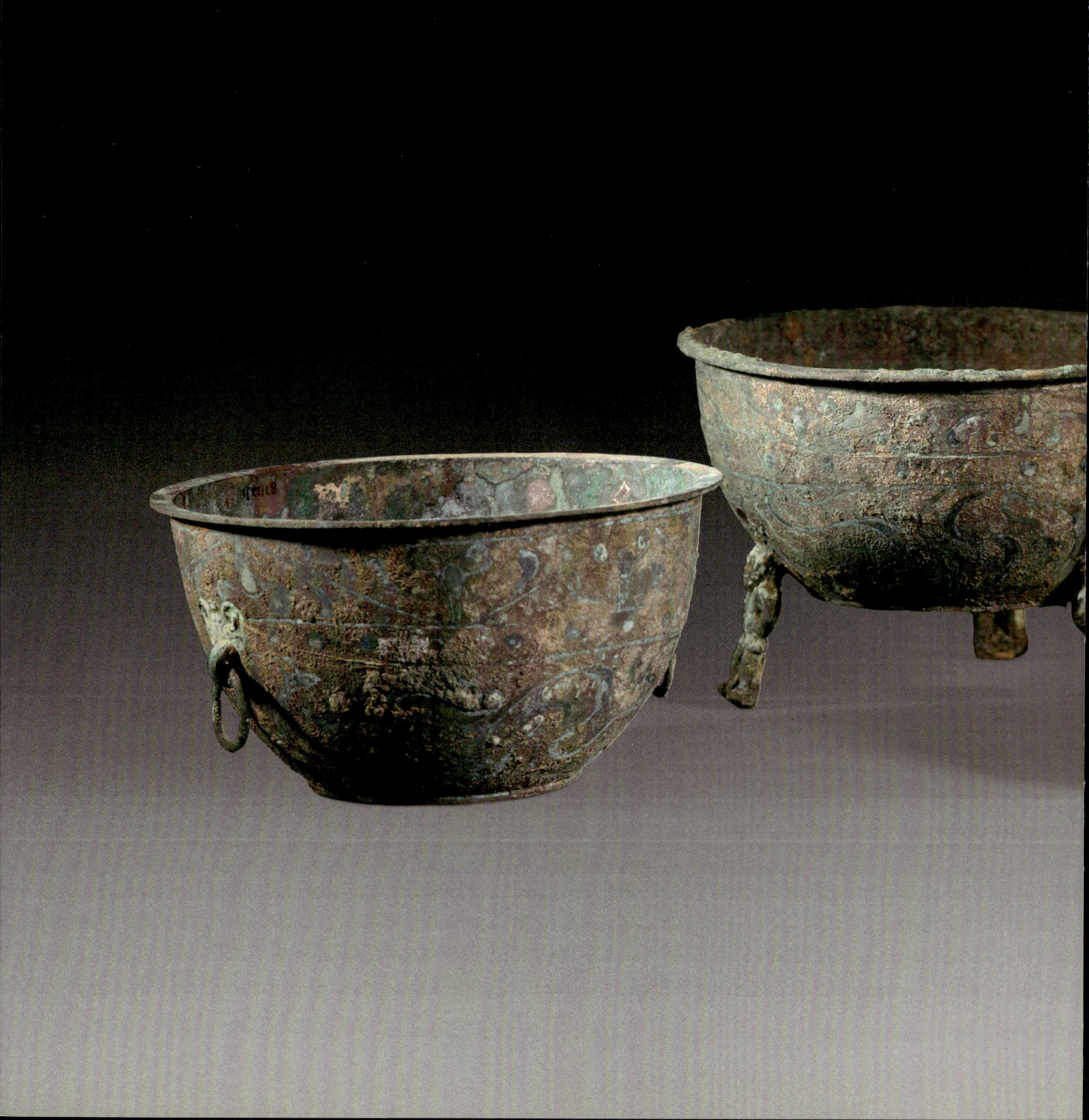

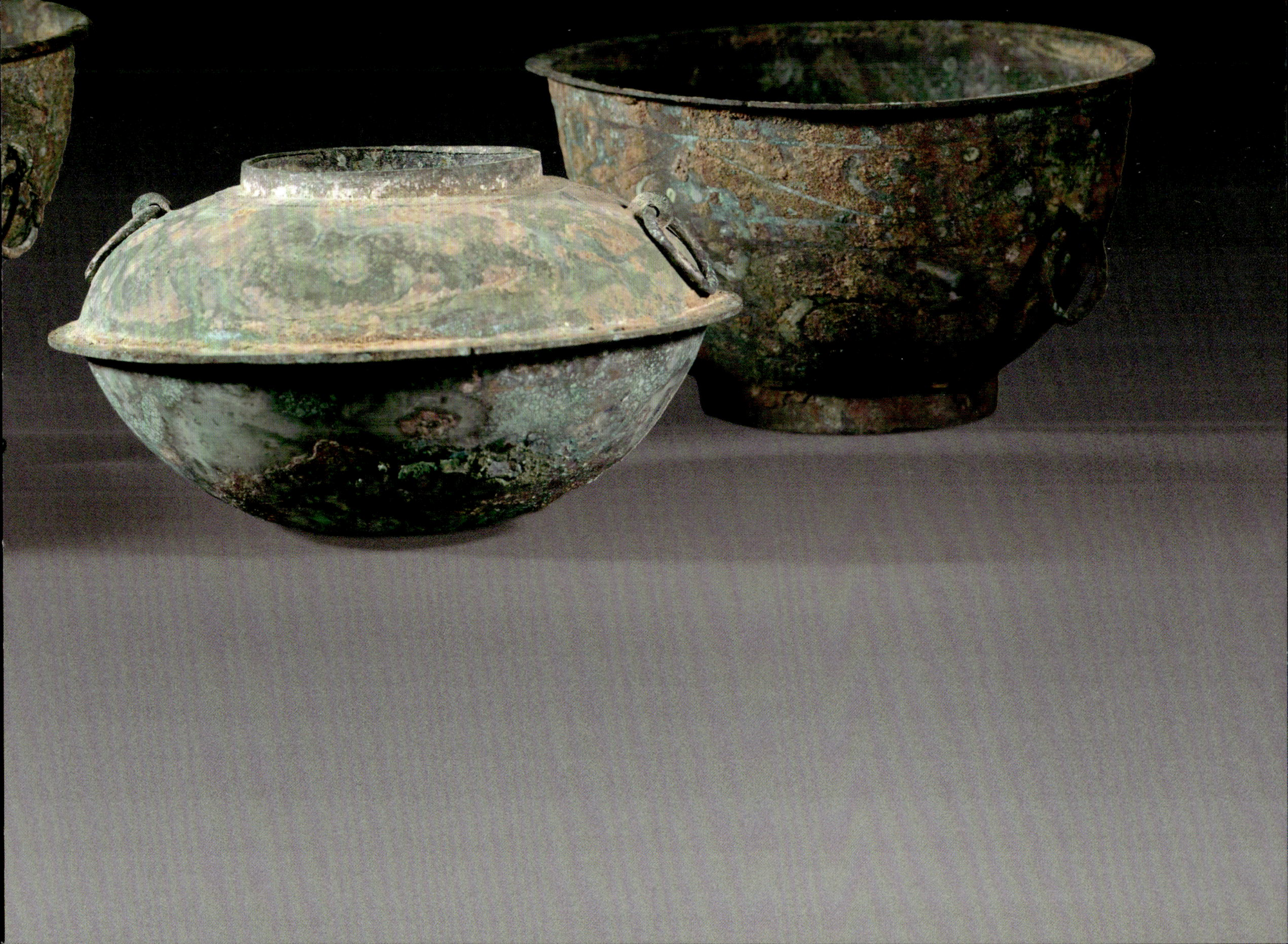

22 鸟钮壶
Bronze *Hu* (wine vessel) with bird-shaped knobs

西汉（公元前 206 年—8 年）
高 48 厘米　口径 16.9 厘米　重 8264 克

Western Han dynasty (206 BCE – 8)
Height: 48 cm
Diameter of mouth: 16.9 cm
Weight: 8,264 g

　　敞口曲颈、深圆腹，腹部两侧各有一兽首衔环，下有圈足，口上承盖，盖上有三凤鸟钮。口沿下、器腹有微凸的横饰带，其余为素面。器高体大、线条流畅，锈色斑斓，整体焕发历史沉淀之古朴神采。

（韦心滢）

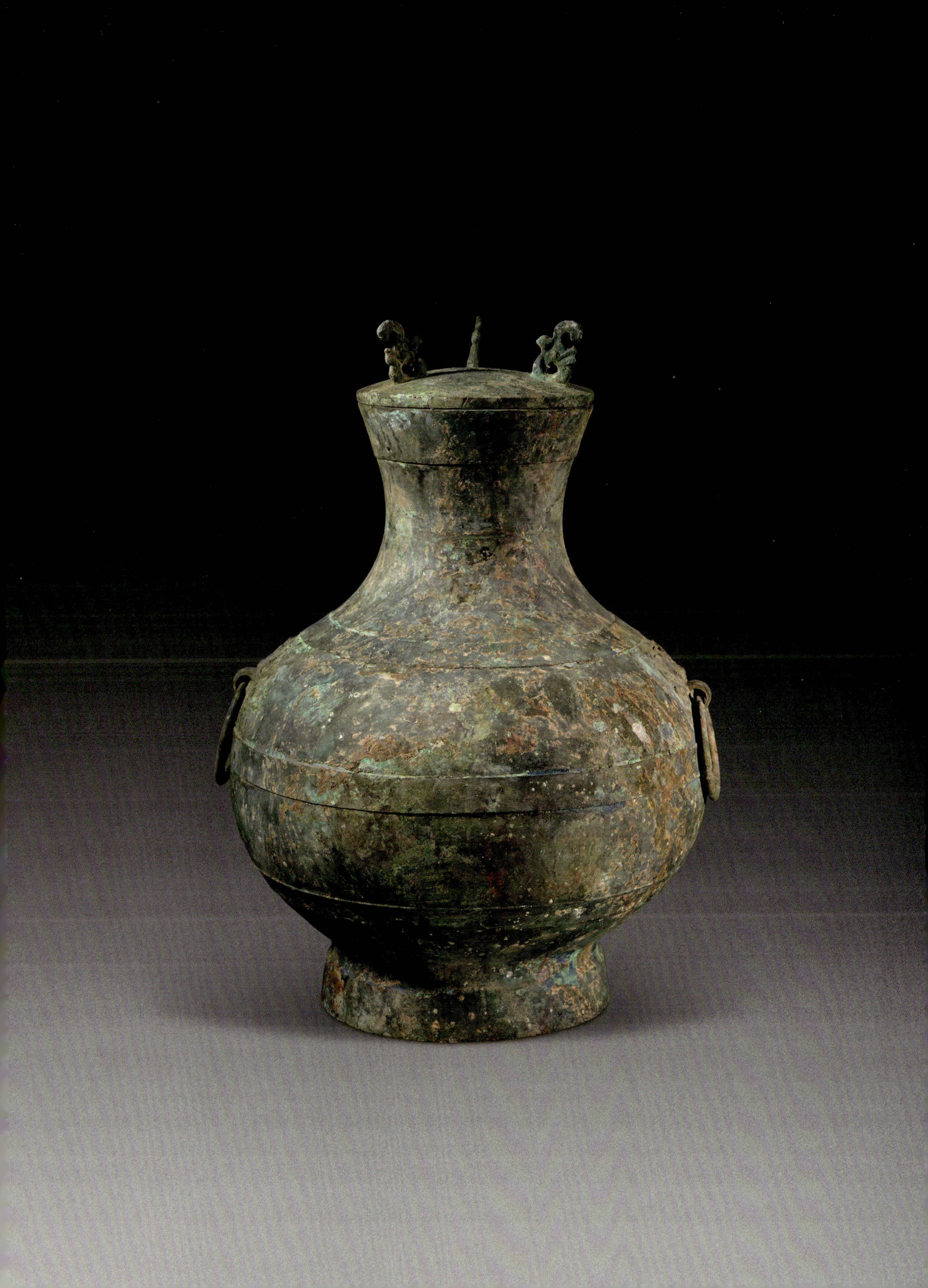

23 凤钮提梁壶
Bronze *Hu* (wine vessel) with a phoenix-shaped knob and a hoop handle

汉（公元前 206 年—220 年）
高 47.2 厘米　口径 14.5 厘米　重 2837 克

Han dynasty (206 BCE – 220)
Height: 47.2 cm
Diameter of mouth: 14.5 cm
Weight: 2,837 g

　　敞口曲颈、圆鼓腹，腹部两侧各以小钮接圆环套 8 字形链提梁，腹底接高圈足，口上承盖，盖上有凤鸟形捉手及三道同心圆弦纹，器身上饰六道弦纹，整体简洁流畅、高挑优美。

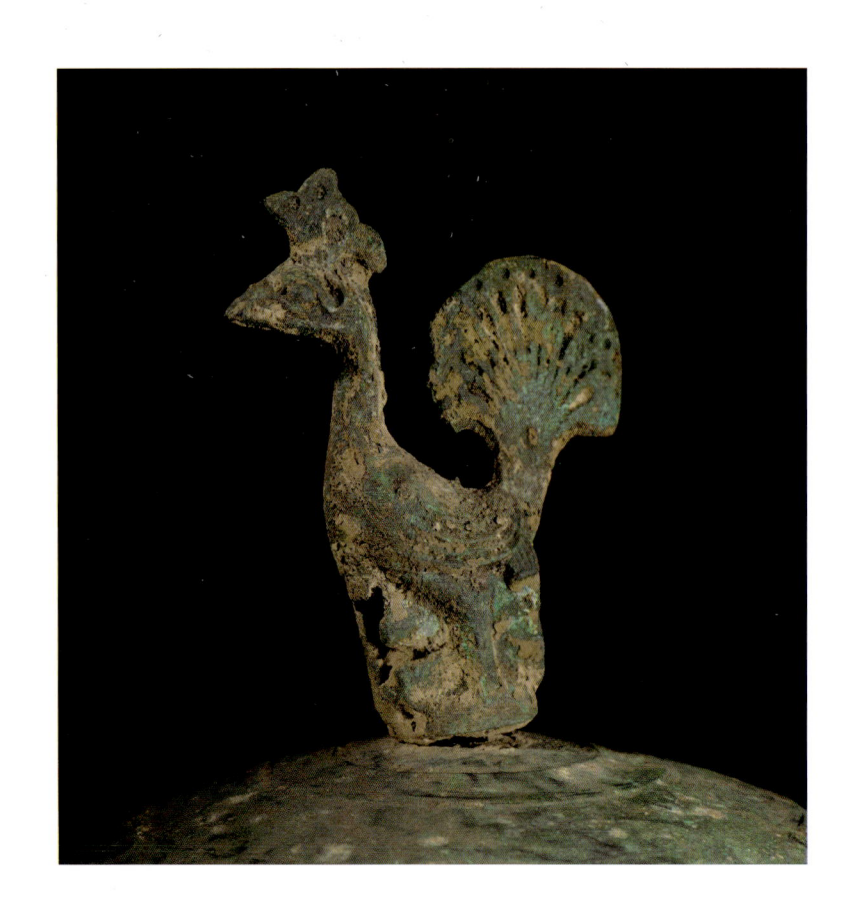

（韦心滢）

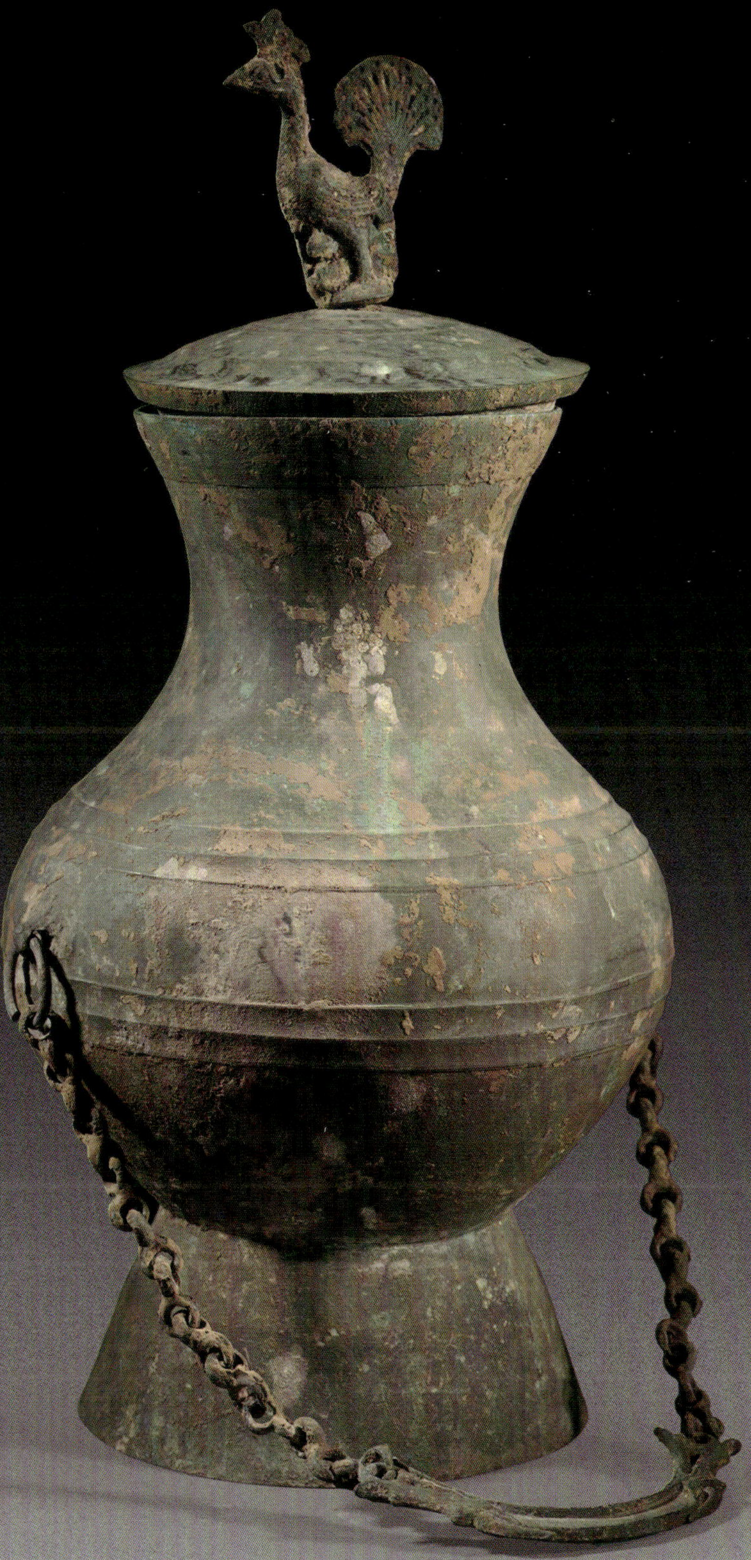

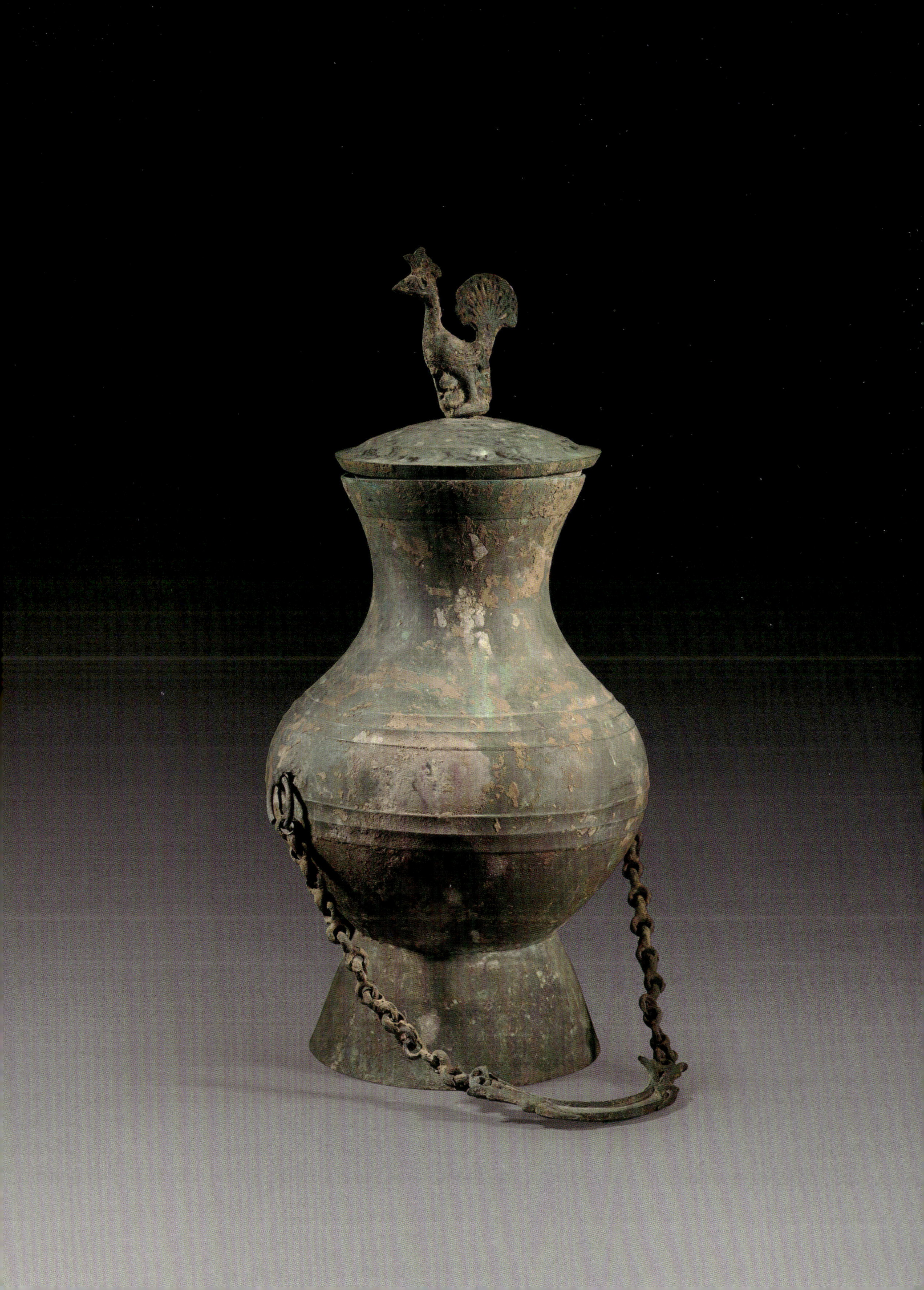

24 雁首柄镬斗

Bronze *Jiaodou* (heating vessel) with a wild goose-head shaped handle

汉（公元前 206 年—220 年）
高 22.4 厘米 口径 16 厘米 重 1810 克

Han dynasty (206 BCE – 220)
Height: 22.4 cm
Diameter of mouth: 16 cm
Weight: 1,810 g

本镬斗以雁的形象为设计的蓝本。昂立的雁首与曲折的颈项构成取拿的把柄，器身呈传统镬斗的锅形样式，半圆形的尾部上设一套环，与盖连接，方便开阖。器足未作禽鸟双爪表现，反作三外撇蹄足，应是力学平衡的设计。本镬斗处处可见意趣与实用的结合，充分展现汉人的生活美学。

（韦心滢）

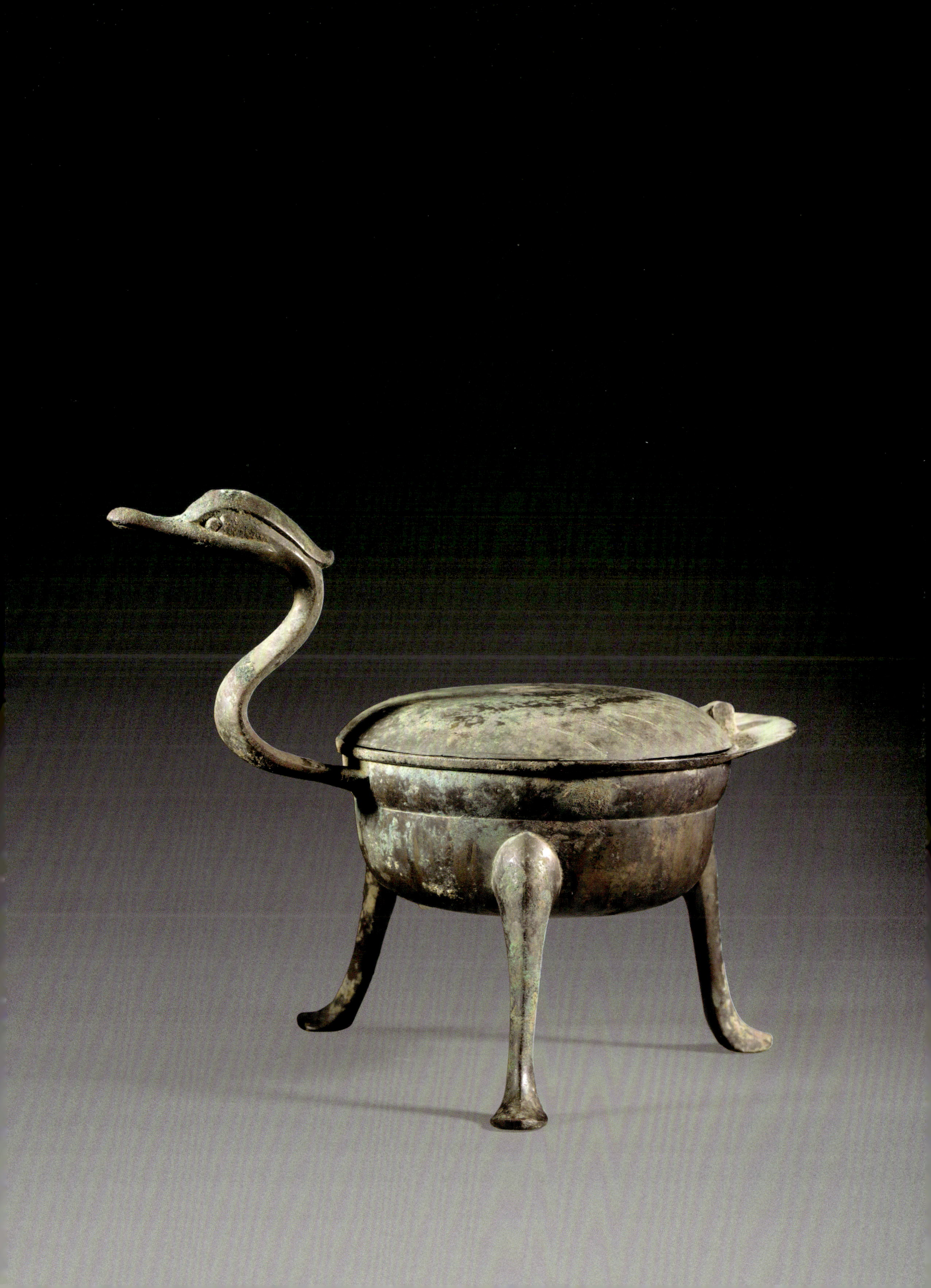

25 长柄鐎斗
Bronze *Jiaodou* (heating vessel) with a long handle

南北朝（420年—589年）
高20厘米　流至口长20.9厘米　重1763克

Southern and Northern dynasties (420 – 589)
Height: 20 cm
Length from spout to mouth: 20.9 cm
Weight: 1,763 g

　　敞口深腹，有长流口，腹一侧接曲尺状长柄，腹壁近直，向下内收成平底，底接三外撇蹄形足，足跟膨大，足中部有箍筋，下呈靴形。

　　鐎斗为汉代以后发展出的新品类，其用途为加热食物、烹煮羹粥，故采用长柄以避免取拿时过烫。

（韦心滢）

83

26 虎纹铃（两件）
Bronze *Ling* (small bell) with tiger design (two pieces)

南北朝（420 年—589 年）
第一件：高 39.8 厘米　重 2364 克
第二件：高 38.9 厘米　重 2104 克

Southern and Northern dynasties (420 – 589)
Height: 39.8 cm, 38.9 cm
Weight: 2,364 g, 2,104 g

第一件

虎纹铃两件一组。体呈四方长柱形，四面于部呈∩形内凹，铃舌因年久已佚失，舞部呈菱形，上有忍冬与双虎构成的透雕钮，其余皆为素面。从纹饰来看，可能受到佛教传入的异域因素影响，整体素朴庄严。

（韦心滢）

第二件

27 鸟纹鼓
Bronze *Gu* (drum) with bird pattern

公元前 3 世纪末—3 世纪上半叶
高 5.3 厘米　鼓面径 8 厘米　重 141 克

End of 3rd century BCE – first half of 3rd century
Height: 5.3 cm
Diameter of drumhead: 8 cm
Weight: 141 g

　　鼓胸膨大，胸径大于面径，胸、腰区隔明显，鼓腰剖面呈梯形，足部较矮、无折边，半环状鼓耳。鼓面饰太阳纹，八道光芒，形成三层晕圈。内层晕圈中饰四只写实性强的翔鹭纹，外层晕圈中饰勾连圆圈纹。鼓胸与鼓腰上各饰上下双弦纹中夹勾连圆圈纹的纹饰带。

　　本组鼓为一式两件，大小一致、重量略有不同。从体积小巧，与一般铜鼓差异甚大来看，应非实用器物，当为两汉时期流行于今天越南地区的陪葬明器。

（韦心滢）

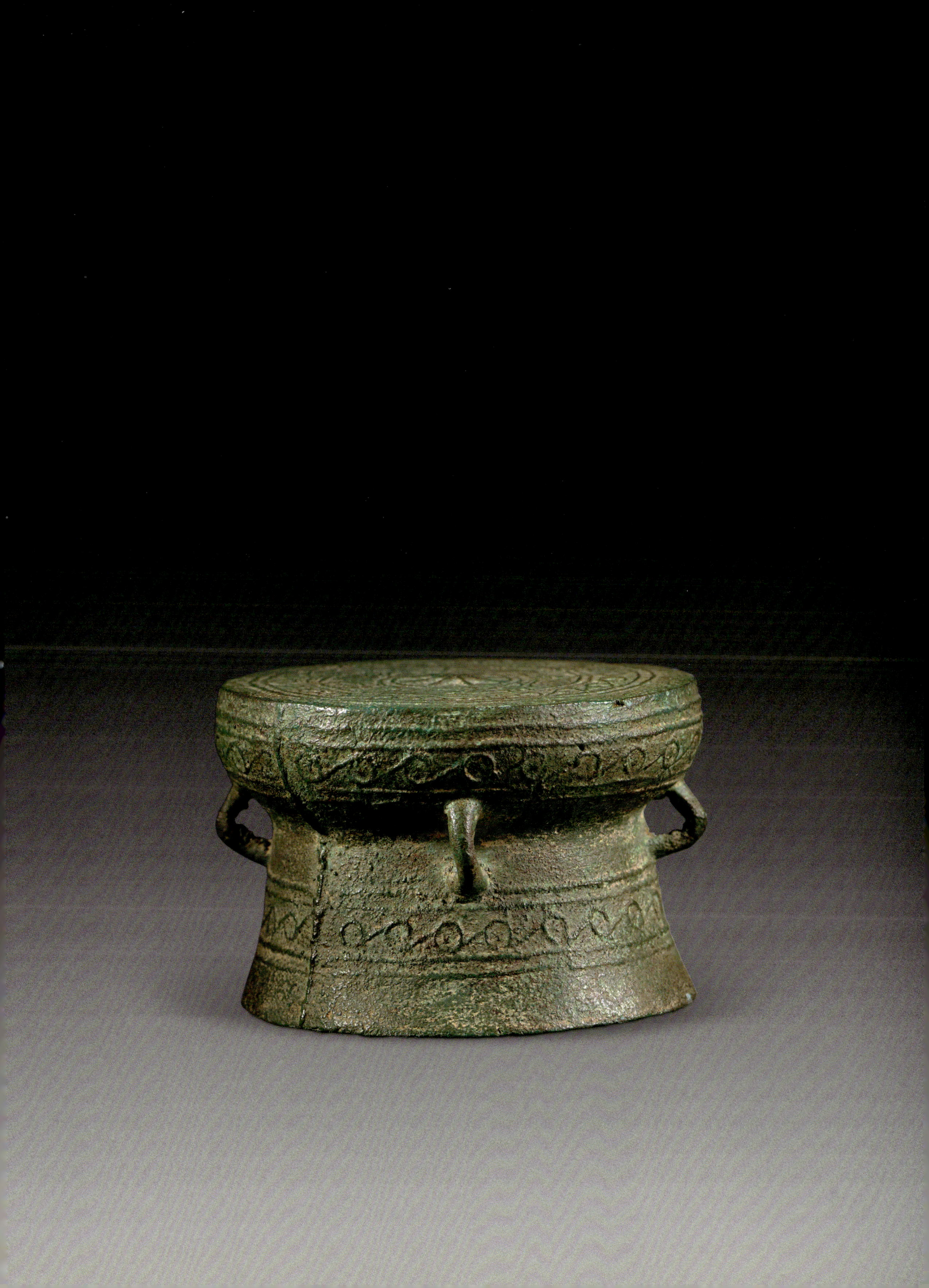

28 鸟纹鼓
Bronze *Gu* (drum) with bird pattern

公元前 3 世纪末—3 世纪上半叶
高 5.3 厘米　鼓面径 8 厘米　重 156 克

End of 3rd century BCE – first half of 3rd century
Height: 5.3 cm
Diameter of drumhead: 8 cm
Weight: 156 g

　　鼓胸膨大，胸径大于面径，胸、腰区隔明显，鼓腰剖面呈梯形，足部较矮、无折边，半环状鼓耳。鼓面饰太阳纹，八道光芒，形成三层晕圈。内层晕圈中饰四只写实性强的翔鹭纹，外层晕圈中饰勾连圆圈纹。鼓胸与鼓腰上各饰上下双弦纹中夹短竖线纹的纹饰带。

　　本组鼓为一式两件，大小一致、重量略有不同。从体积小巧，与一般铜鼓差异甚大来看，应非实用器物，当为两汉时期流行于今天越南地区的陪葬明器。

（韦心滢）

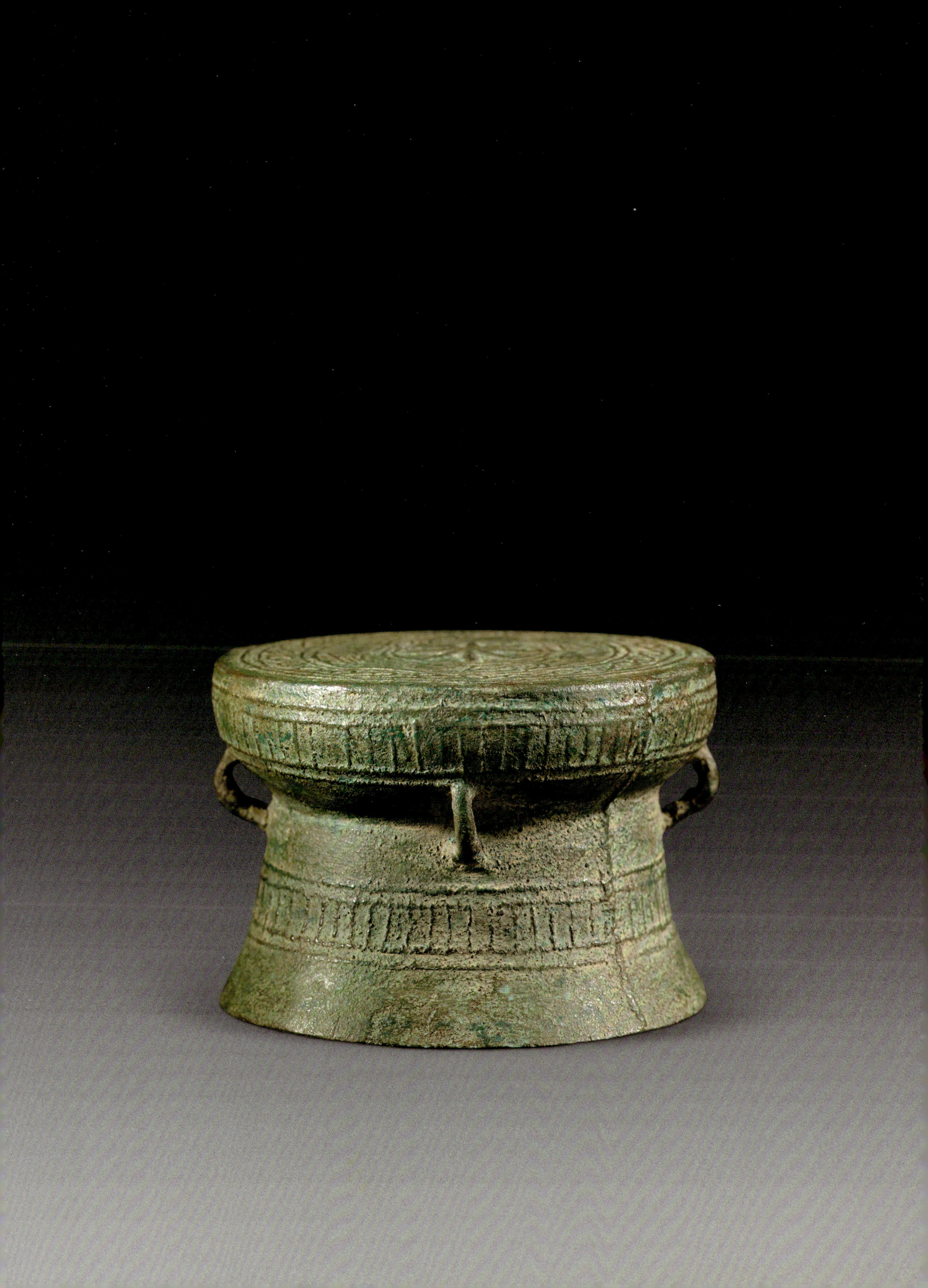

29 蛙饰鼓
Bronze *Gu* (drum) with frog ornaments

16 世纪—18 世纪
高 41.2 厘米　鼓面径 59.8 厘米

16th – 18th century
Height: 41.2 cm
Diameter of drumhead: 59.8 cm

鼓面大于鼓胸，鼓胸长而下削，两环状鼓耳，鼓腰消失成为一道较宽的凸棱与鼓足相接，鼓足较高，以另一凸棱构成两层鼓足的形式。鼓面太阳纹中心隆起如球状，周围散发七道光芒，饰六圈同心圆双弦纹。鼓缘等距饰四只伏蛙，呈顺时针方向排列。通体饰双弦纹，简单素朴。

本鼓形制属于类黑格尔II型，常见出土于16—18世纪芒族郎官墓中，至今越南芒族人仍在使用，因此又称作"芒鼓"。

（韦心滢）

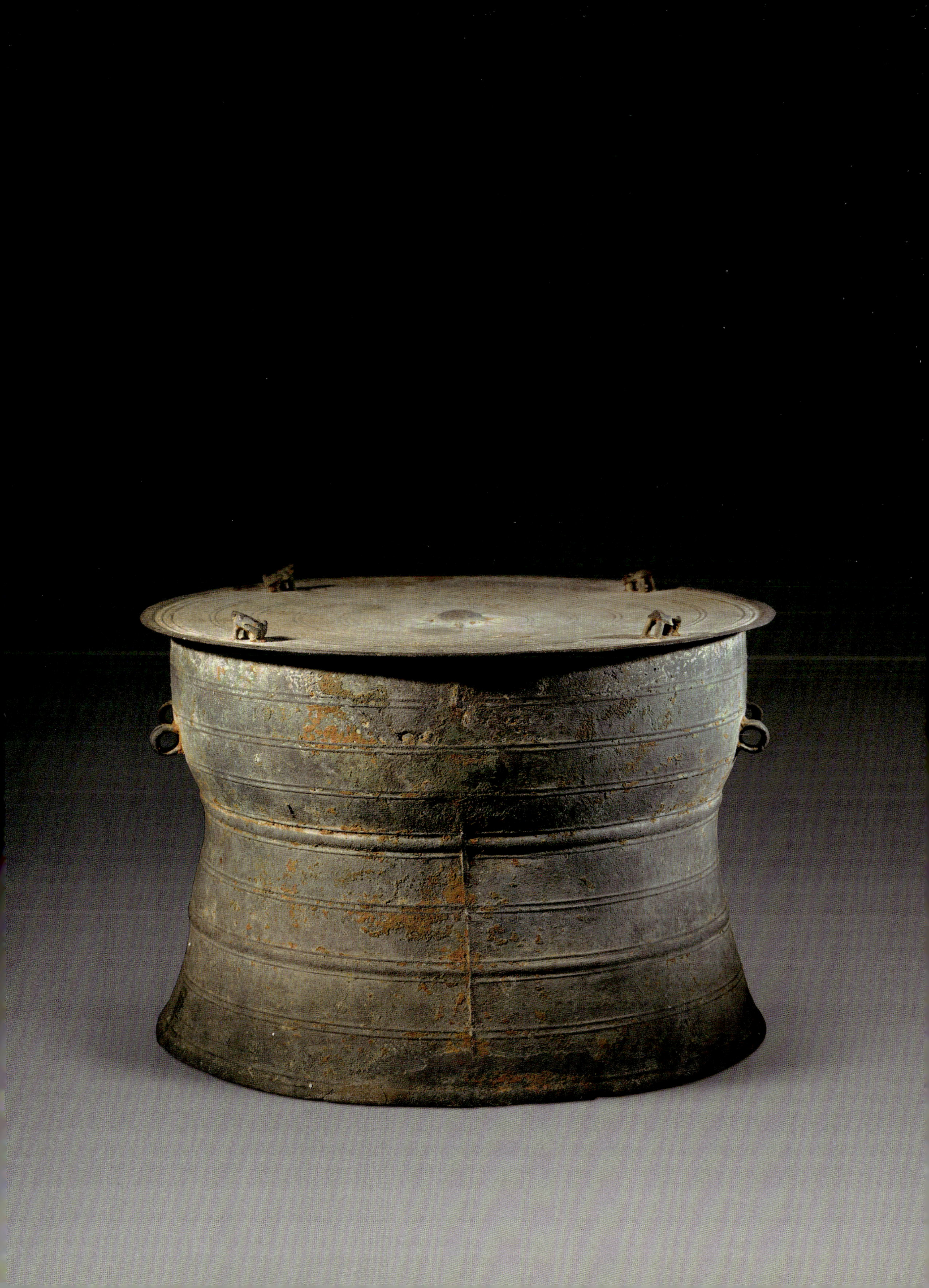

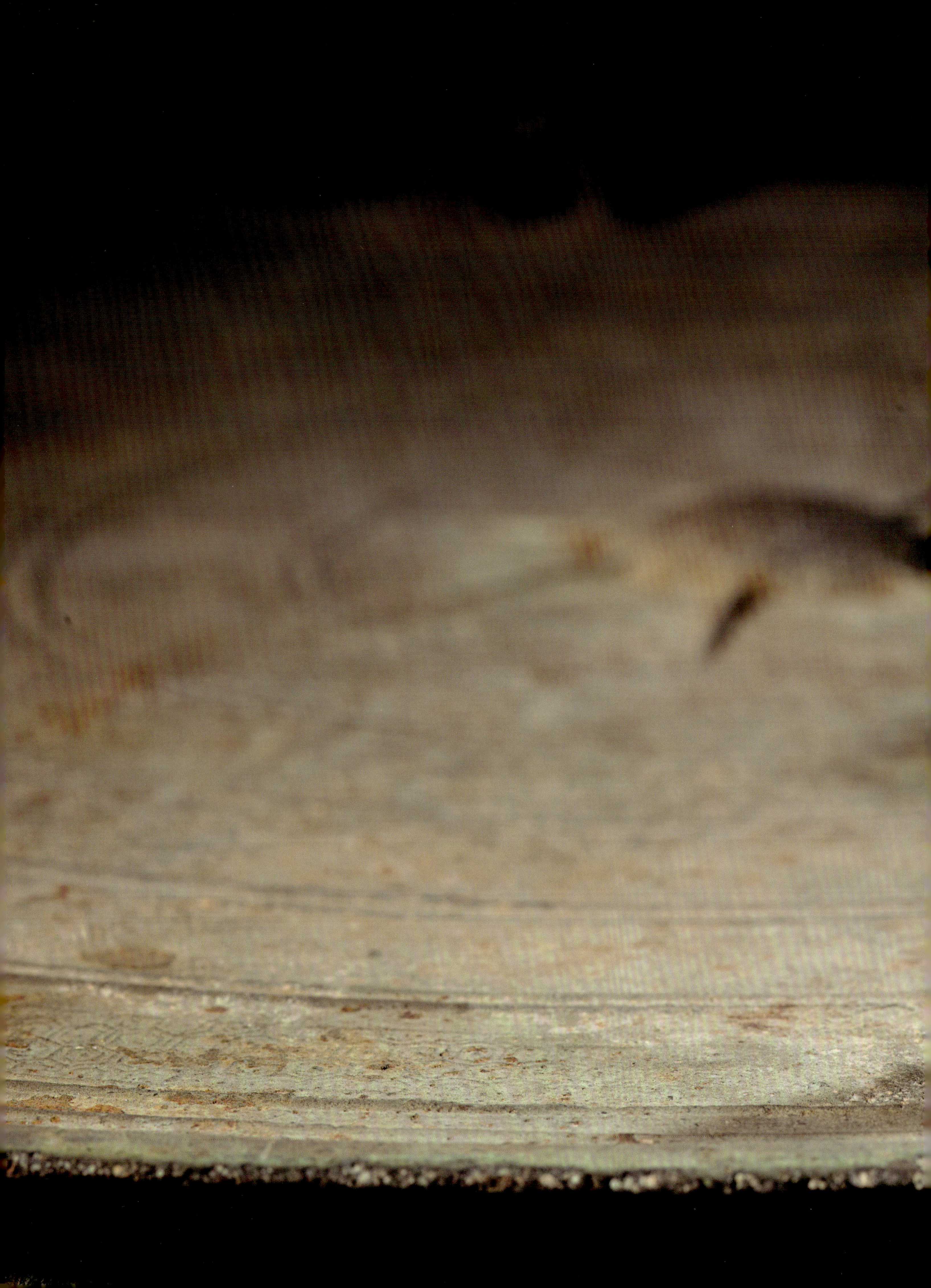

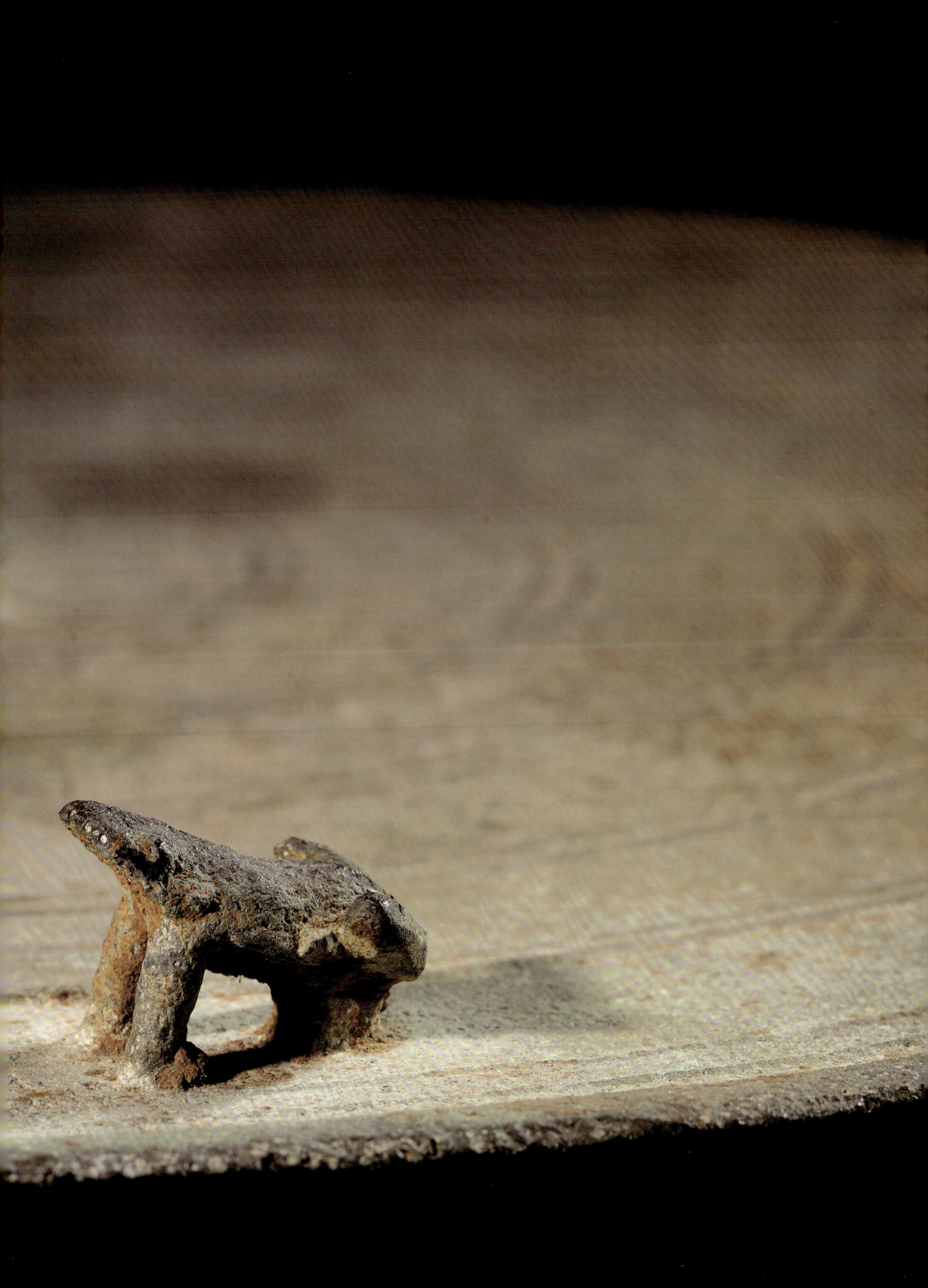

30 彩绘陶茧形壶
Cocoon-shaped *Hu* (liquid vessel) in painted pottery

西汉（公元前 206 年—8 年）
高 45 厘米　宽 40 厘米　口径 11.8 厘米　足径 12.2 厘米

Western Han dynasty (206 BCE – 8)
Height: 45 cm
Width: 40 cm
Diameter of mouth: 11.8 cm
Diameter of foot: 12.2 cm

　　撇口、短颈、茧形腹、高圈足。灰陶胎，胎质细腻。通体纵向画有细密弦纹，并施白色及红色彩绘装饰。

　　茧形壶是战国秦汉时期流行的一种形状独特的器物，由于其腹部的形状类似蚕茧，因而得名。茧形壶自战国中期首先出现在陕西关中地区，随后向周围扩散，最早的茧形壶是圜底，稍后才出现圈足。战国晚期至秦统一时期发展到鼎盛阶段，西汉早期延续，西汉中期消失，前后流行时段约三个世纪。

　　考古出土的茧形壶以陕西地区最多，此外，在甘肃、山西、河南、山东、江苏、湖北等地也有发现，均为陶制，以墓葬出土为主，少数出土于遗址中的水井、窖藏，也有零星的采集品。

（冯泽洲）

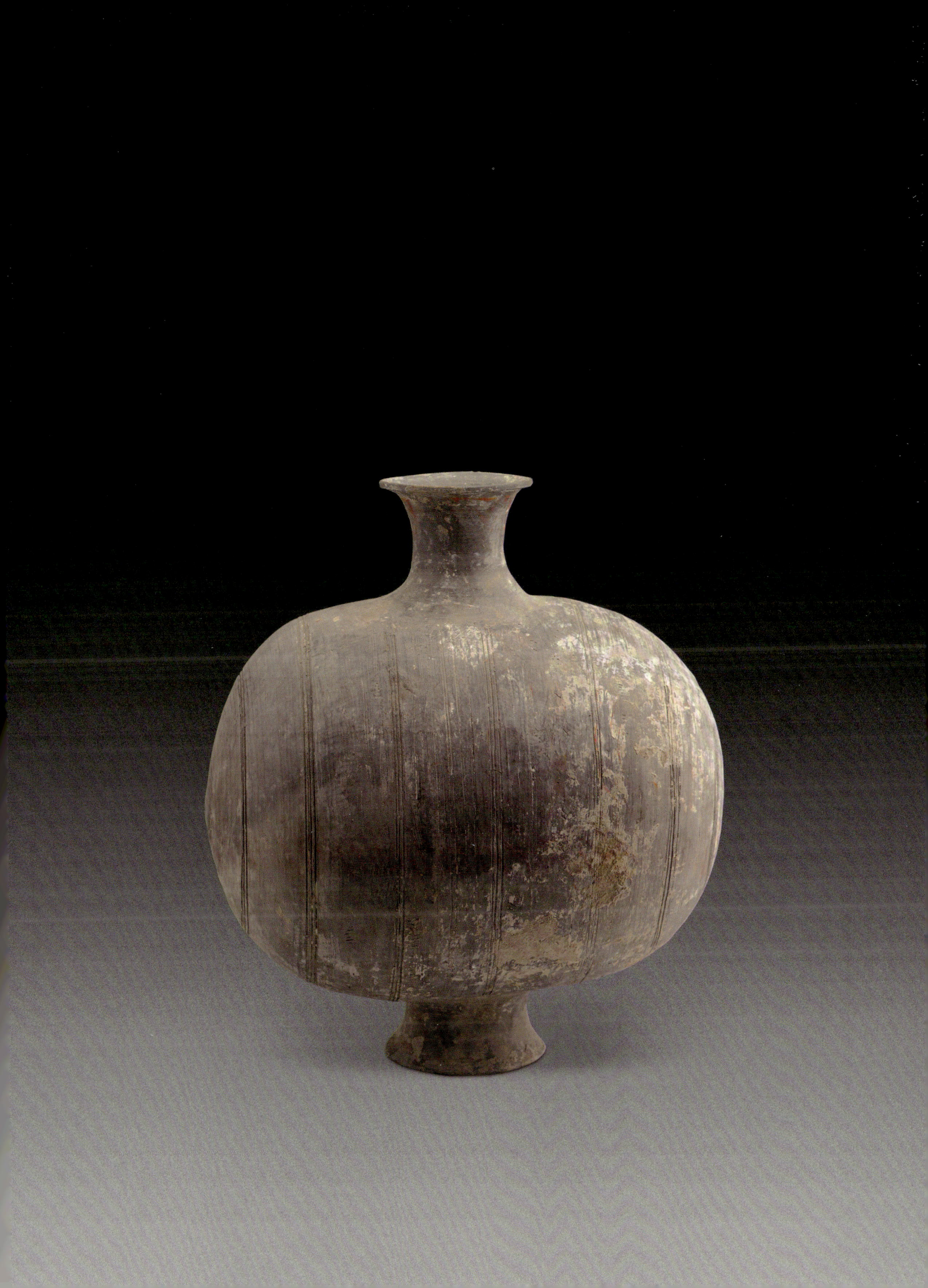

31 彩绘陶鼎
Ding (funerary object) in painted pottery

西汉（公元前 206 年—8 年）
连盖高 19.8 厘米　口径 22.1 厘米

Western Han dynasty (206 BCE – 8)
Height (with lid): 19.8 cm
Diameter of mouth: 22.1 cm

　　盖面隆起，以彩绘装饰。由上至下可分三层装饰：第一层绘柿蒂纹，以黑线勾边，白色为底，加以红、蓝、绿色装饰；第二层绘有连续几何纹样；第三层绘云气纹饰。纹样之间均以红白色粗弦纹隔开，层次分明。器身敞口、双耳、圆曲腹、三足，以红、白色彩绘装饰。

　　在新石器时代的诸多文化遗址中就发现了不少陶鼎，通常作为炊具使用，以夹砂陶制作为主，目的是为了提高耐热急变性能，避免在火上加热时发生破裂。商周时期，鼎多为青铜制品。战国至汉代，出现铅釉陶、彩绘陶和原始瓷鼎，多作为随葬的明器使用。

（周浩）

32 彩绘陶鼎
Ding (funerary object) in painted pottery

西汉（公元前 206 年—8 年）
连盖高 17.6 厘米　口径 21 厘米

Western Han dynasty (206 BCE – 8)
Height (with lid): 17.6 cm
Diameter of mouth: 21 cm

　　盖以彩绘装饰，黑线勾边，白色做底，填绘红、蓝、绿等颜色。器身圆唇口，腹部翻折，可与盖相承。腹下渐收，三足。器身以红白粗弦纹与波浪纹相间装饰。

　　汉代的墓葬中，陶礼器组合通常由鼎、盒、壶、钫等构成，流行于西汉早中期。至西汉晚期开始，该组合逐渐消退。陶礼器是传统礼制思想在丧葬习俗中的延续。随着旧礼制的破坏，在西汉中期以后礼器组合逐渐衰退，取而代之的是日用陶器和模型明器的逐渐流行，用以象征墓主人生前的生活。

（周浩）

33 彩绘陶盖盒
Painted pottery container with lid

西汉（公元前 206 年—8 年）
连盖高 12.6 厘米　口径 21.5 厘米

Western Han dynasty (206 BCE – 8)
Height (with lid): 12.6 cm
Diameter of mouth: 21.5 cm

　　盖以彩绘装饰，黑线勾边，白色为地，依据纹样的需要填绘红、蓝、绿等颜色。盒敞口，深圆腹，腹下渐收，平底。所施彩绘多有脱落，胎体呈深灰色。

　　彩绘陶，是指烧成后用颜料在器表绘制图案的陶器。彩绘颜料均为矿物质添加适量的植物胶，因此有一定的附着力和耐久性。不过由于绘制以后不再烧彩，所以彩绘容易磨损脱落。彩绘陶在新石器时代晚期就已经出现，战国、秦汉时期是彩绘陶发展的繁荣时期，多用于随葬，至唐代，彩绘陶已走向衰落。

（周浩）

34 灰陶灶
Grey pottery stove

汉（公元前 206 年—220 年）
长 21 厘米　宽 16 厘米　高 7.8 厘米

Han dynasty (206 BCE – 220)
Length: 21 cm
Width: 16 cm
Height: 7.8 cm

　　灶体前方后圆，呈马蹄形，灶面有火眼两个，模印钩、帚、瓢、铲、等炊具，另有圆盘、方案等，案上可见食物，如鱼等。灶前出有遮烟沿，长方形灶门，灶门一侧为烧火人，另一侧有瓶，灶不封底。灰陶质地，不施釉。

　　西汉陶灶以素面居多，最初只有单火眼，随时代发展，火眼增至三到四个，并增加各类装饰。汉代陶灶上的器具丰富，主要有炊具、餐具及食品三类。炊具有勺、瓢、帚、叉、篦等，餐具有盘、碗、耳杯、筷等，食物以鱼、鳖最为多见，其次是鸡、鸭、猪头、牛腿等，从中可以窥见汉代的饮食及器用组合。更为有趣的是，各地区出土陶灶的器物组合有所差异，如耳杯是汉代常见酒具，常在陶灶中成对出现，但在关中地区较为少见。与食肉有关的叉等，则在甘肃、宁夏地区最为多见。北方地区陶灶出土时，火眼上往往置釜、甑等炊具，南方地区除釜甑外，大多在前部的火眼上置双耳锅，广州的陶灶还常在灶台两侧附装汤缶，是为地域特色。本件陶灶的形制，在关中一带最为流行。

（陈洁）

35 灰陶壶

Hu (wine or food vessel) in grey pottery

汉（公元前 206 年—220 年）
高 42.1 厘米　口径 19.3 厘米　足径 19.2 厘米

Han dynasty (206 BCE – 220)
Height: 42.1 cm
Diameter of mouth: 19.3 cm
Diameter of foot: 19.2 cm

　　灰陶胎，胎质坚硬。盘口、长束颈、鼓腹，腹下内收，高圈足。颈部装饰焦叶纹，腹部的主题纹饰分上下两段，均为骑马狩猎纹，中间以凸起的宽弦纹隔开，两侧对贴铺首。整体纹饰的装饰技法为印花装饰，铺首为模印贴塑。

　　此类造型为仿同时期铜器壶的造型，带盖。在汉代，此类器有自铭为壶者，多用以盛酒。《周礼·秋官·掌客》郑注："壶，酒器也。"马王堆1号墓的《遣策》中也说："鬃画壶二，皆有盖，盛米酒。"但洛阳烧沟汉墓中出土的陶壶盛放粮食，满城汉墓出土的陶壶中有动物骨骼，可见壶也可用于盛放其他食物。

（冯泽洲）

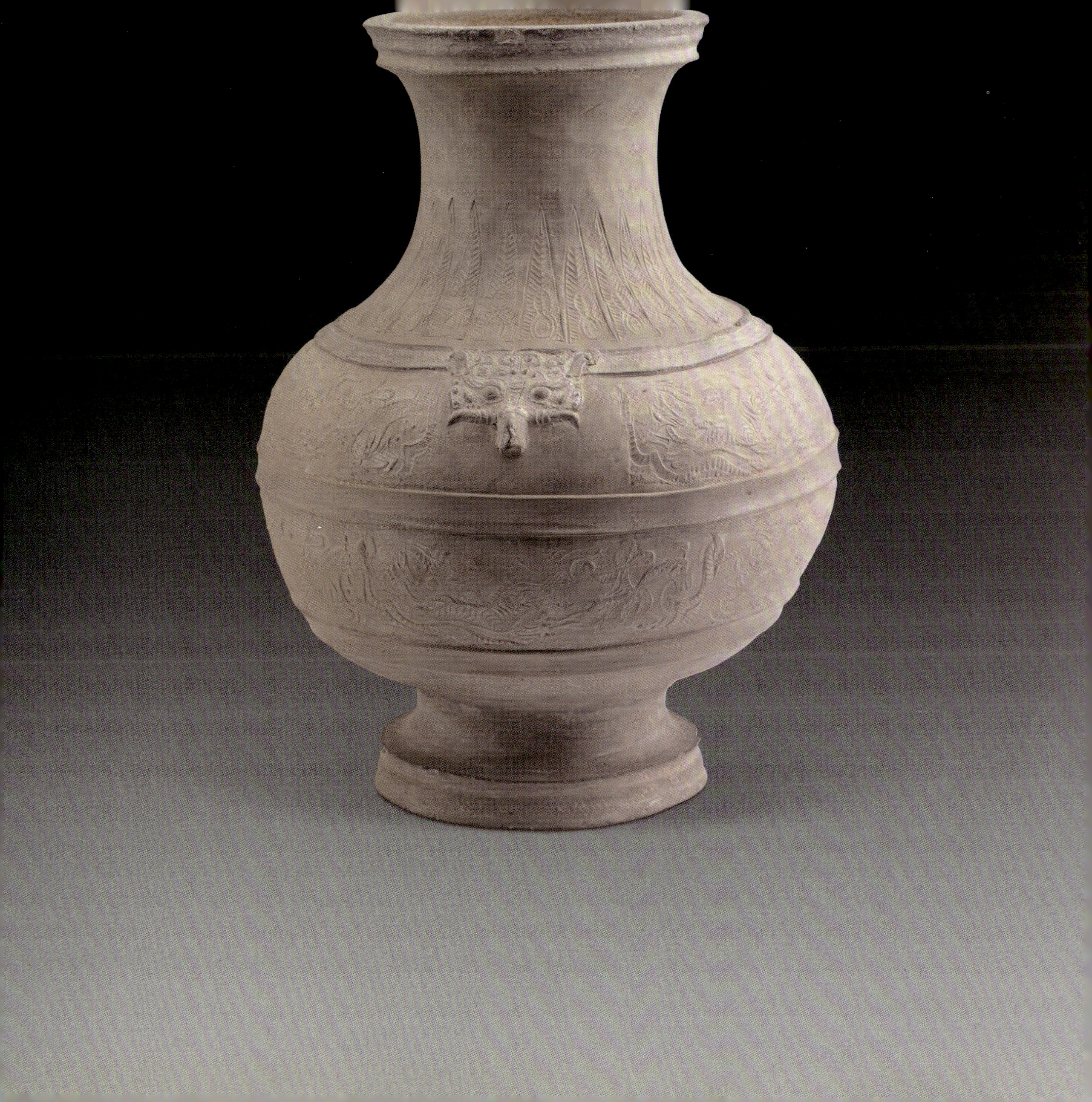

36 绿釉陶壶
Hu (wine vessel) in green-glazed pottery

汉（公元前 206 年—220 年）
高 30.5 厘米　口径 12.8 厘米　底径 12.9 厘米

Han dynasty (206 BCE – 220)
Height: 30.5 cm
Diameter of mouth: 12.8 cm
Diameter of base: 12.9 cm

敞口、束颈、鼓腹、假圈足。陶胎，外壁通体施绿釉，内口沿少许挂釉，内壁及器底不施釉。口沿留有三处支烧痕，同时伴有数滴垂釉，可知其为倒置烧制。对比同类器发现，此类壶几乎都为倒置烧制，是此时期釉陶的一个工艺特征。腹部装饰主题纹饰，有动物及神人，同时对贴两铺首，此类纹饰还可见于汉代其他图像材料上。底部亦可见三处支烧痕，应是与其他器物叠烧时留下的痕迹。

与此造型相同的出土例中也见有自铭为"钟"的，可见汉代所说的壶和钟可能是同型异器。钟的主要用途也为盛酒器，陕西西安枣园出土的一件大型凤钮鎏金铜钟，由于器盖密封，其中还尚存有26千克西汉美酒。

（冯泽洲）

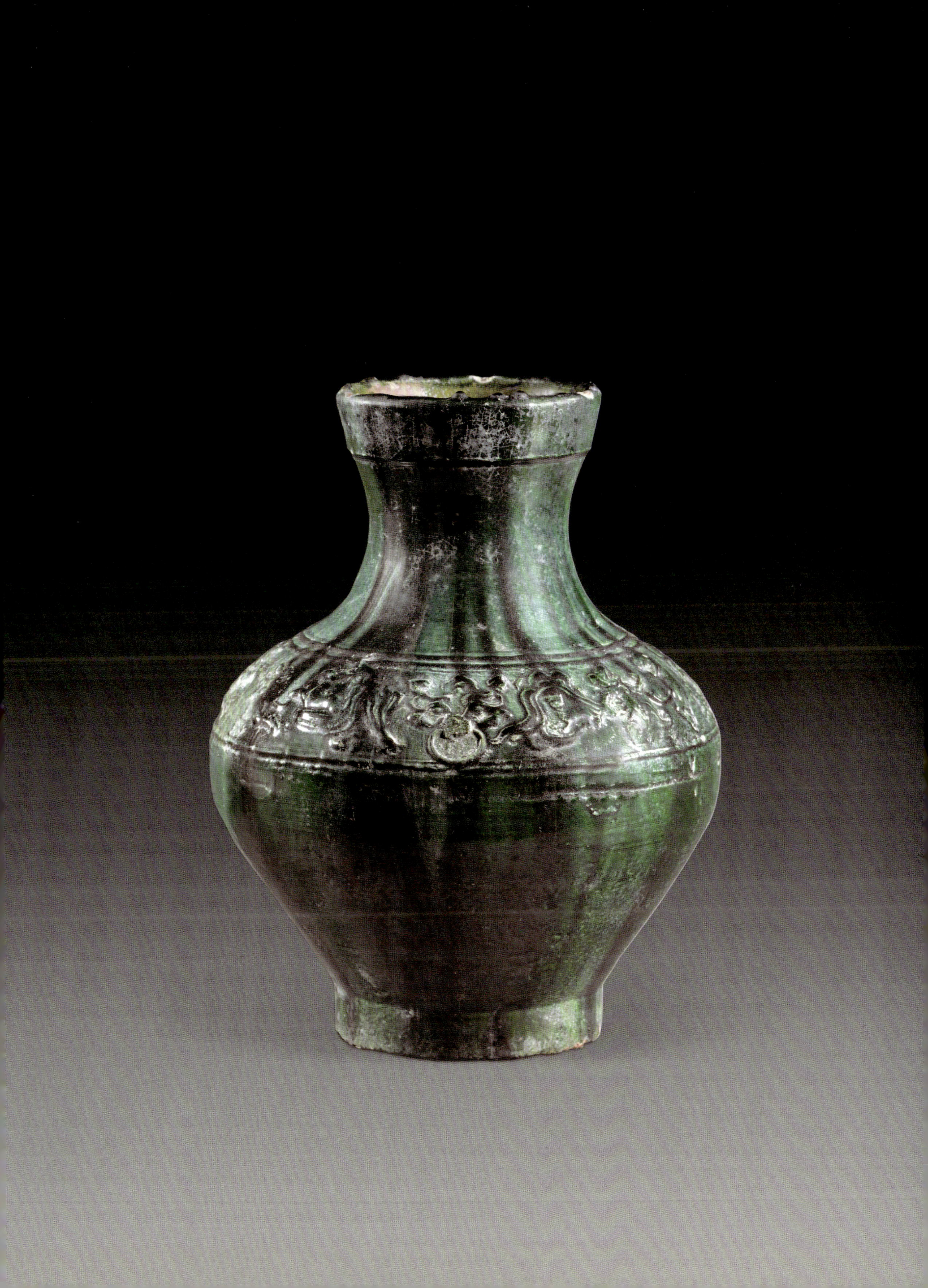

37 绿釉陶灶
Green-glazed pottery stove

汉（公元前 206 年—220 年）
长 19.4 厘米　宽 17.5 厘米　高 7.4 厘米

Han dynasty (206 BCE – 220)
Length: 19.4 cm
Width: 17.5 cm
Height: 7.4 cm

灶体前方后圆，呈马蹄形，灶面有火眼两个，烟囱已简化为圆形凸起，模印炊具如钩、帚、瓢等，及盛于盘中的食物如鳖等。灶前出有遮烟沿，长方形灶门，灶门一侧为烧火人，另一侧有瓶，灶不封底，外壁施绿釉。

灶是庖厨之中的首要炊具，汉代对灶很重视，《汉书·五行志》称灶为"生养之本"。西汉中期以后的墓葬中，以陶灶随葬之风极为盛行，因此陶灶的出土数量极为庞大。结合画像砖等图像资料，可以窥见汉代灶的形制，北方以长方形和马蹄形灶最为常见，南方部分地区则流行船形灶。此一形制的马蹄形双火眼灶在关中地区最为流行，其延续时间较长，西汉晚期开始出现，东汉早中期最为盛行。

灶上所见器物，在汉代画像砖《庖厨图》中皆有所见，可以相互参照，了解其形制及功用。而灶门一侧的烧火者形象，亦见于诸城前凉台汉墓图像，灶台前有烧火老妪，与此类陶灶上模印的形象类似，可知其当为汉代的"灶下养"家内奴婢。

（陈洁）

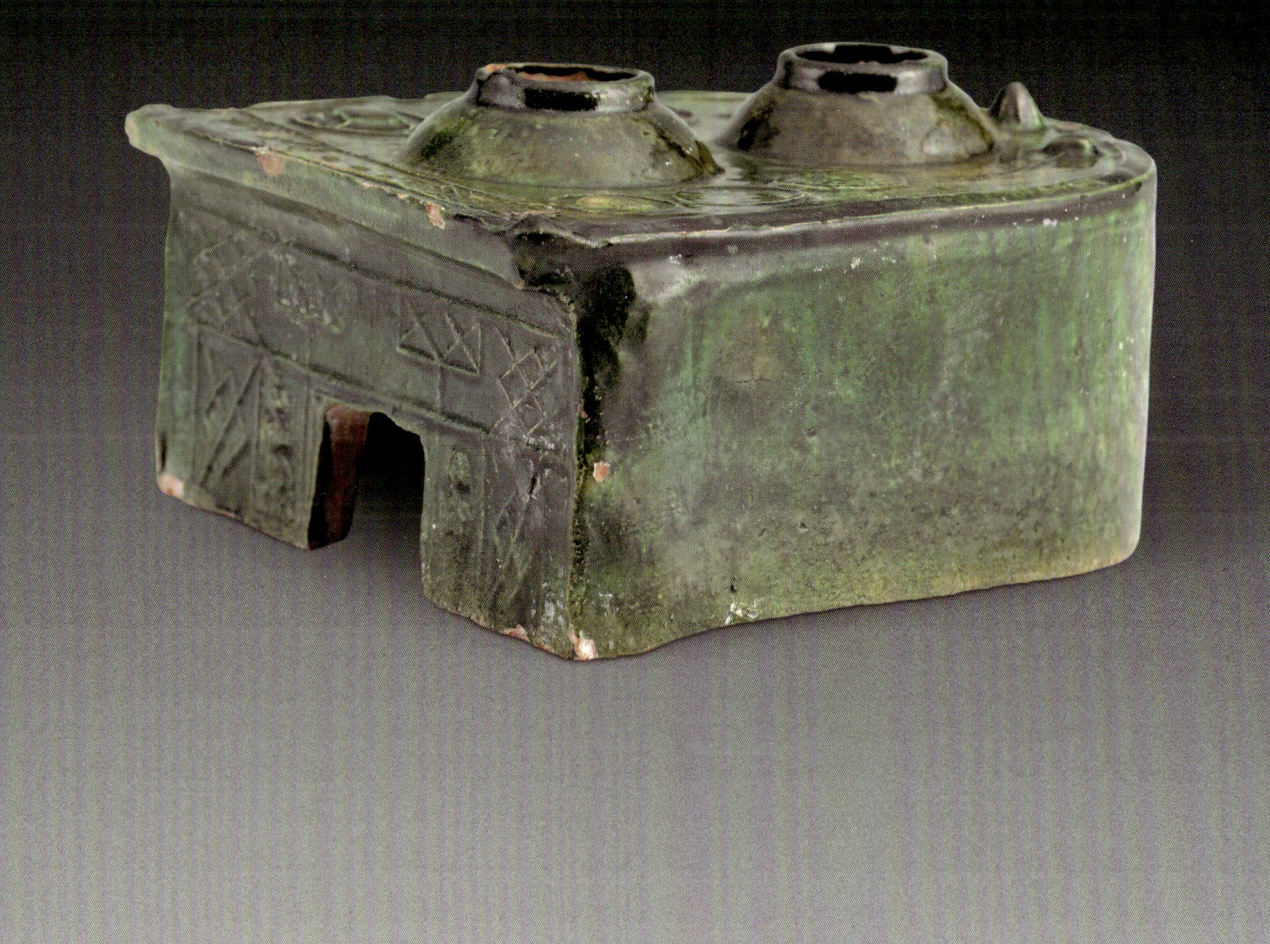

38 绿釉陶烤炉
Green-glazed pottery roaster

汉（公元前 206 年—220 年）
长 23.8 厘米　宽 15.6 厘米　高 8.3 厘米

Han dynasty (206 BCE – 220)
Length: 23.8 cm
Width: 15.6 cm
Height: 8.3 cm

　　折沿、深腹、平底，底部有长方形漏灰孔数道。下承四足，为熊形。炉上架有两枚烤签，签上各置四只蝉。通体施绿釉，釉面略有返铅现象。陕西历史博物馆也藏有一件类似的绿釉陶烤炉，其形制与样式几乎与本器物一致。

　　汉代的烹饪技法中除去蒸、煮、煎等，烧烤也颇为流行。在汉代画像石上常出现烧烤的画面，如山东诸城凉台汉墓出土的"庖厨"画像，就有厨师在方形烤炉前烤肉串的形象。除去常规的肉类炙烤，汉代也有烤蝉、食蝉的习惯。曹植的《蝉赋》属于汉晋时期流行的咏物赋，其中描写蝉的悲惨命运时提到："委厥体于膳夫，归炎炭而就燔。"表明当时以烧烤的方式烹饪蝉是一件极为平常的事情。

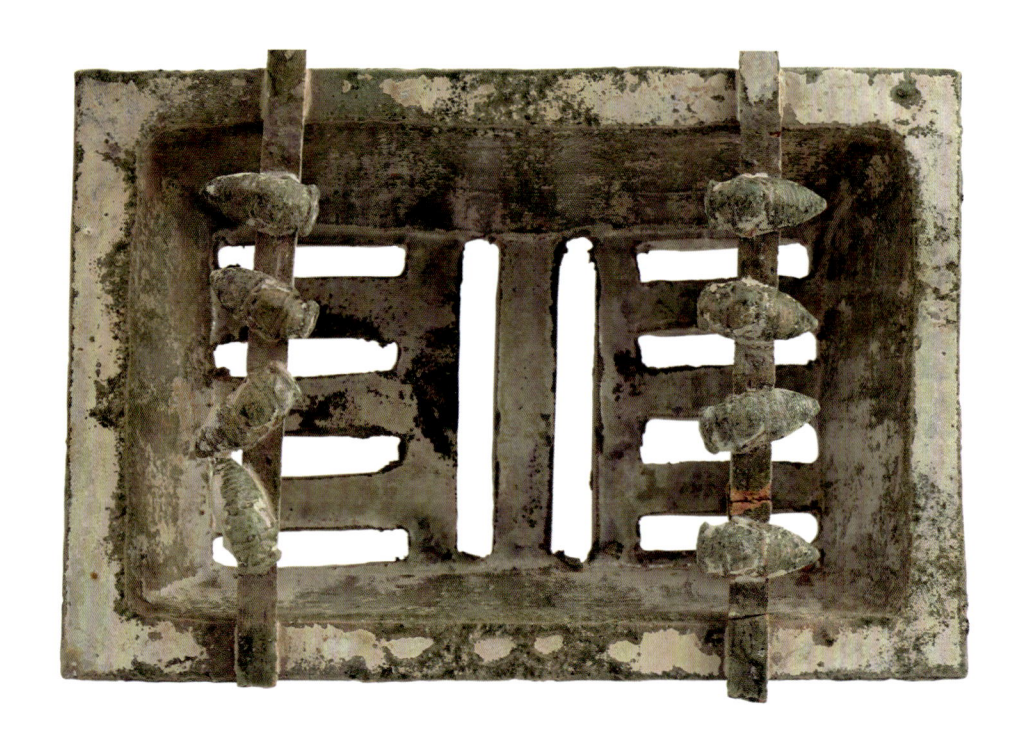

（周浩）

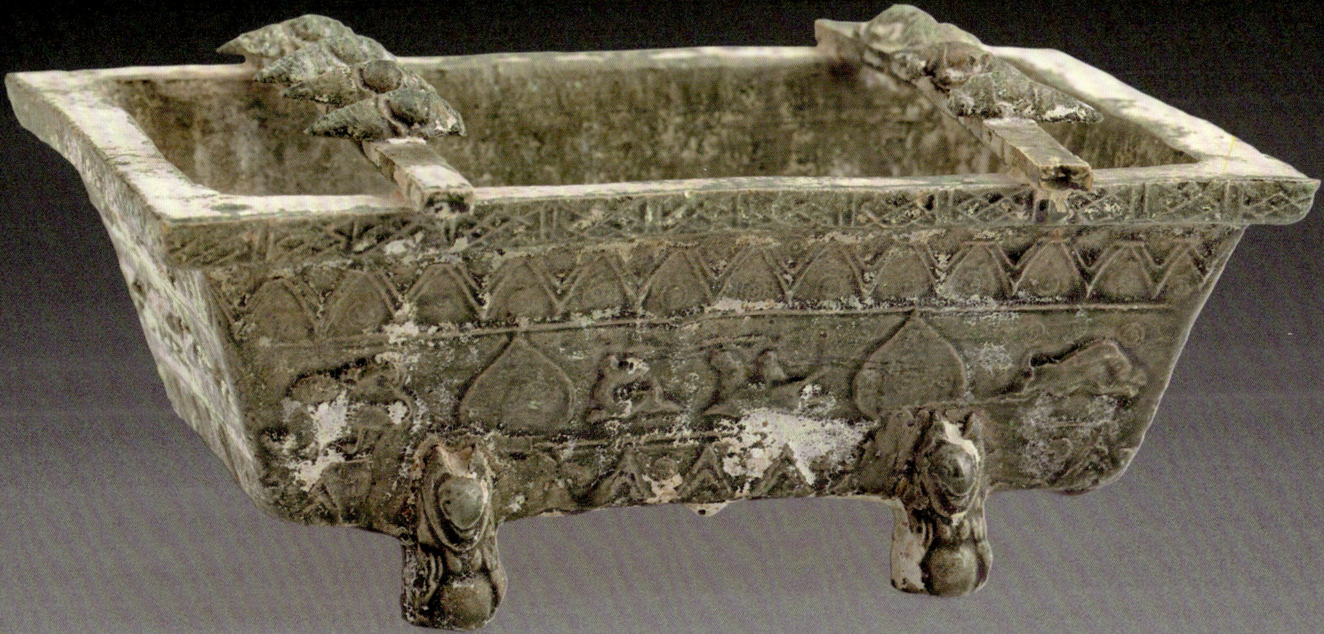

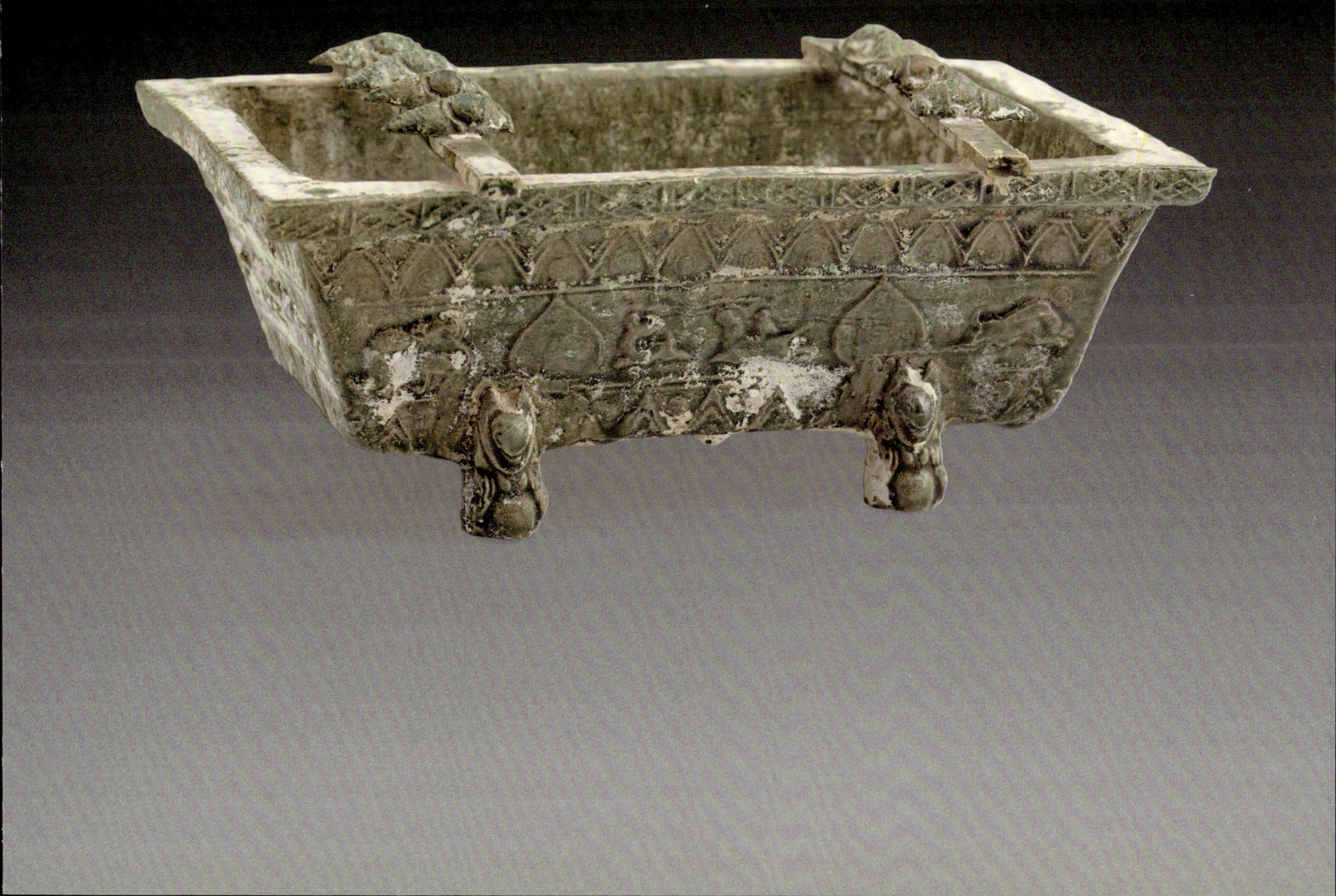

39 绿釉陶猪圈
Green-glazed pottery pigsty

汉（公元前 206 年—220 年）
长 19.7 厘米　宽 14.9 厘米　高 8.1 厘米

Han dynasty (206 BCE – 220)
Length: 19.7 cm
Width: 14.9 cm
Height: 8.1 cm

通体施绿釉，平面呈方形，内设食槽，一侧捏塑猪觅食之态，另一侧为母猪哺乳小猪的场景。猪圈的一旁设置有厕所，斜顶，门窗俱全，厕有一孔与猪圈相通。

汉代的墓葬中出现了大量的陶质带厕猪圈模型，是当时社会生活的真实反映。《汉书·燕刺王刘旦传》就有"厕中豕群出"的表述。这种融排泄、养畜、沤肥三重功能于一体的建筑形式与汉代积肥、施肥技术密切相关，从一个侧面反映了汉代农业生产技术的进步和发展水平。

（周浩）

40 绿釉陶磨坊
Green-glazed pottery mill

汉（公元前 206 年—220 年）
长 21.5 厘米　宽 17.2 厘米　高 15.2 厘米

Han dynasty (206 BCE – 220)
Length: 21.5 cm
Width: 17.2 cm
Height: 15.2 cm

陶胎，通体施绿釉，器底不施釉，有支烧痕。整体为建筑模型，仿木构屋顶，三面围墙，两侧开有半圆形窗，后侧有门，内部放置磨盘及水碓。

汉代的建筑实物，至今存留在地面上的除几座石阙、石室外，人们所能看到的比较形象的资料，应该只有建筑模型了，它们较为直观地表现了古代建筑物的形制和构造，反映了一定的社会生活习俗。

从考古发掘资料看，西汉中期到东汉晚期，旧式随葬礼器逐渐减少以致绝迹，炫耀地主庄园经济的陶质模型诸如仓、屋、楼阁、宅院、作坊、厕所、猪圈，以及各种人物俑、动物俑等与生活密切相关的新器类大量出土。

（冯泽洲）

41 绿釉陶井

Green-glazed pottery well

东汉（25年—220年）
高47.9厘米　井圈宽18.5厘米　底径14.5厘米

Eastern Han dynasty (25 – 220)
Height: 47.9 cm
Diameter of well mouth: 18.5 cm
Diameter of base: 14.5 cm

　　井栏束腰，口小底大，平底，井口平折沿，设梯形井架，上有四阿式井亭，亭中塑汲水用辘轳。除底部及内壁外，通体施绿釉，釉面受沁返铅泛银白色，有剥落。

　　自新石器时代起，水井便开始在先民生产生活中发挥重要作用，战国墓葬中已有陶井出现，在汉代"事死如生"的观念下，陶井模型逐渐成为流行的葬具，往往和仓、灶、磨、厕等组成一套随葬明器，逐步取代传统仿铜礼器，见于各地墓葬。

　　墓葬出土的西汉陶井形制相对简单，多仅见井栏，东汉以后的陶井则多见井架以及防止雨水、落叶等进入井内的井亭，井亭有四阿、歇山、两面坡等多种式样。陶器之外，汉代画像砖及画像石《庖厨图》中也多见汲水图像，从中可以窥见当时水井的普及，及其形制与使用方式。

（陈洁）

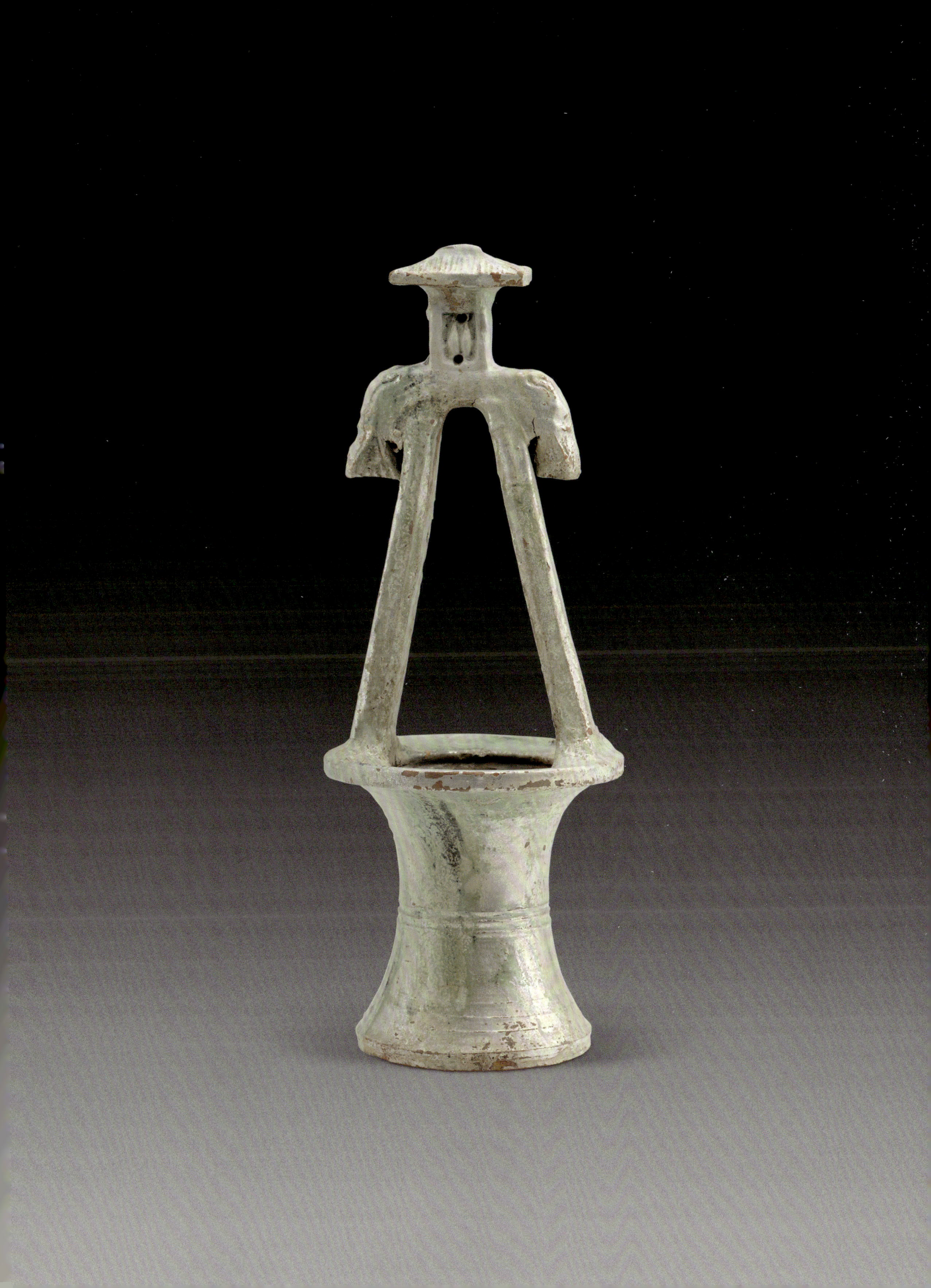

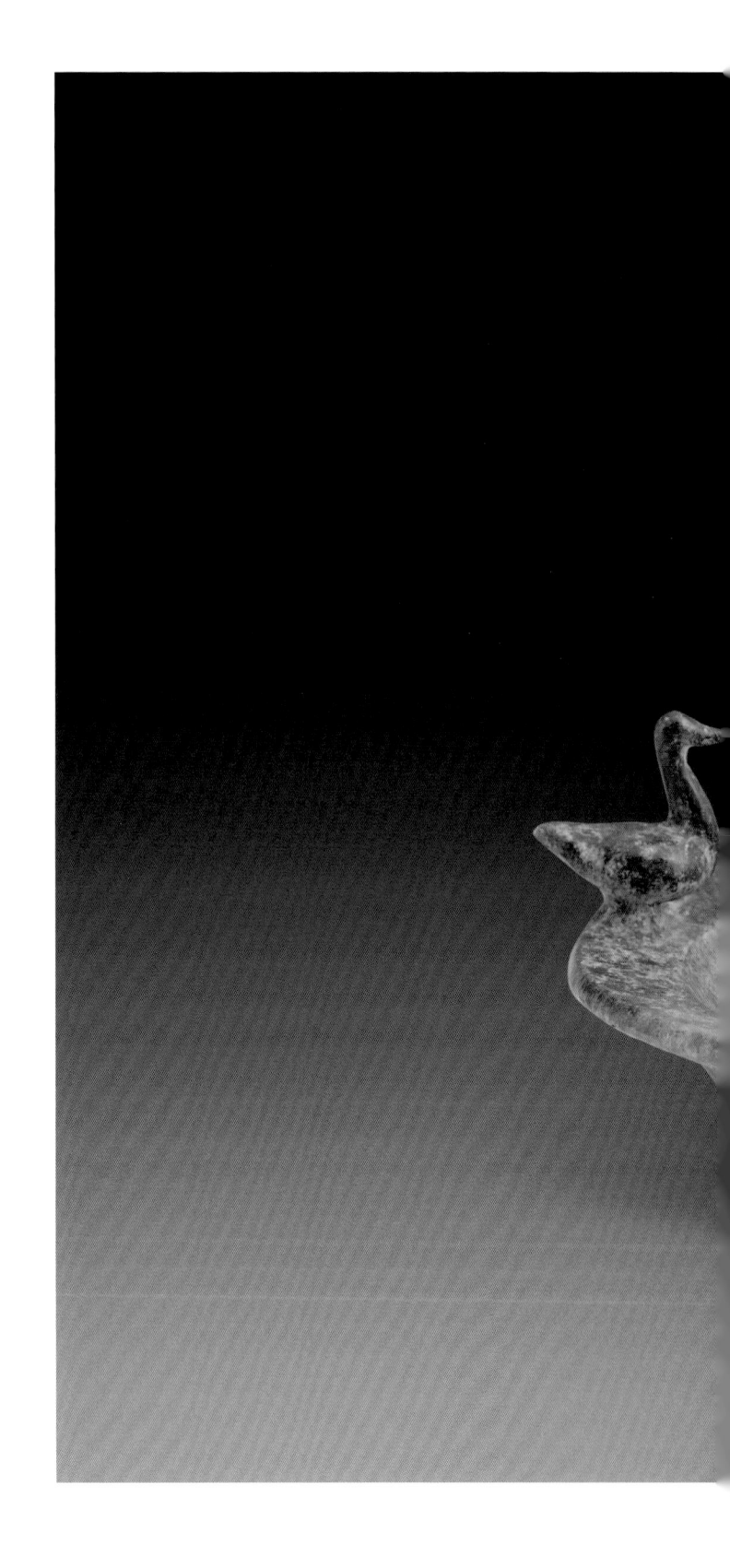

42 绿釉陶水塘

Green-glazed pottery pond

东汉（25 年—220 年）
盘高 4.7 厘米　宽 31.5 厘米　底径 22.2 厘米

Eastern Han dynasty (25 – 220)
Height of dish: 4.7 cm
Width: 31.5 cm
Diameter of base: 22.2 cm

　　圆盘形水塘，盘沿及塘中塑水鸭、游鱼，姿态各异，生动活泼。底部以外通体施绿釉。

　　汉代六畜养殖发展迅速，各地官吏如颍州太守黄霸、渤海太守龚遂、不其县令僮种等均大力提倡人们养殖家畜、家禽，从其提倡的养殖数量看，一般一家一户养一两只猪、四五只鸡等。各地墓葬出土家畜家禽，也可见一定的规律性，常见猪一、狗一、鸡二的组合，另有牛、羊、鸭、鹅、龟、鱼等各类。从出土陶俑组合看，鸭、鹅类水禽在北方地区的出土数量不如南方。

　　此类陶制圈养水禽模型，在东汉较为流行，结合四川大邑安仁镇出土《渔猎水鸭图》，可以窥见汉代养殖、捕食水禽的情况，其饮食及物质丰富，由此可见一斑。

（陈洁）

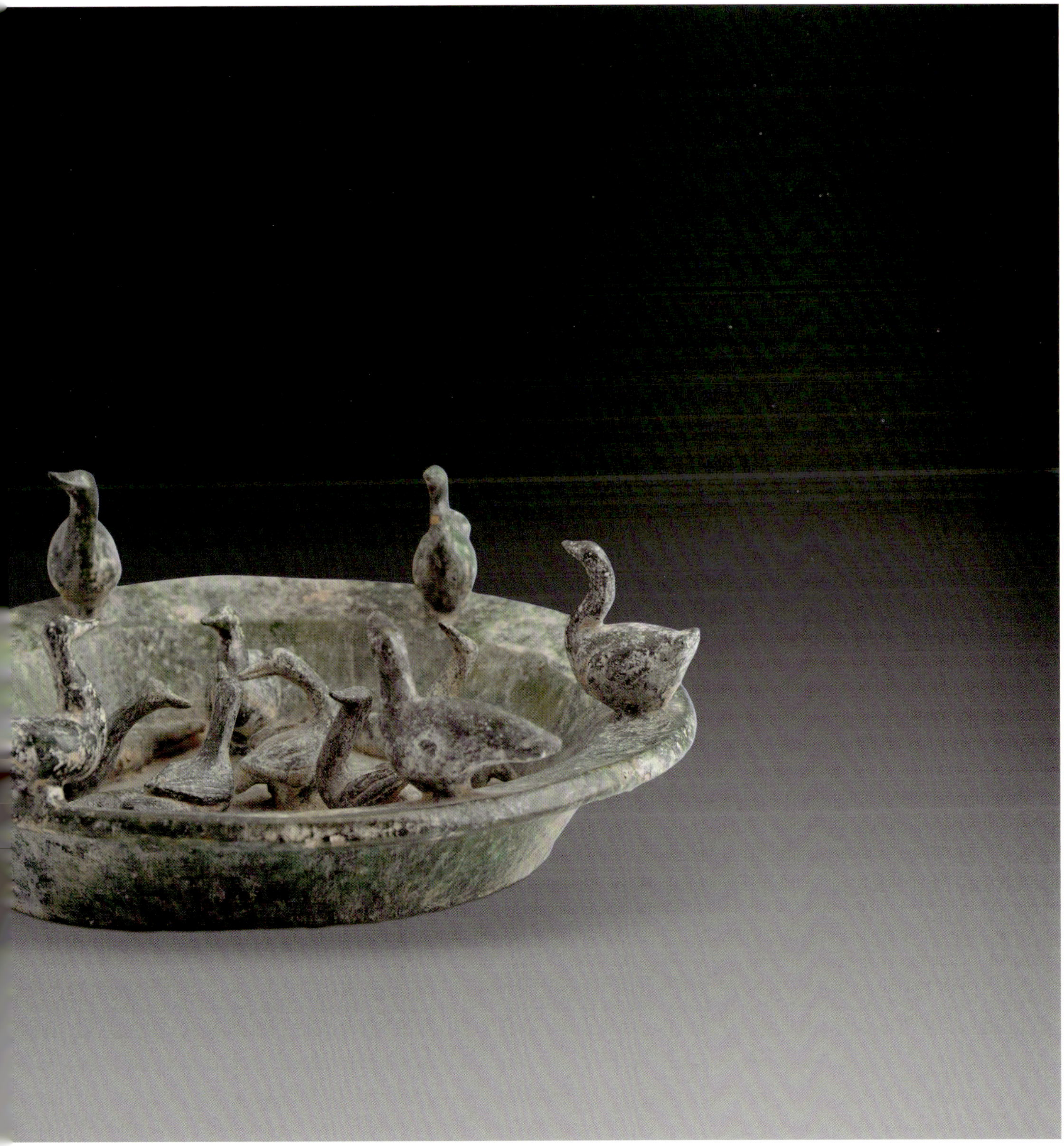

43 绿釉陶望楼
Green-glazed pottery watch tower

东汉（25 年—220 年）
通高 126 厘米

Eastern Han dynasty (25 – 220)
Height in total: 126 cm

　　望楼平面作方形，分三层，底层正面与一长方形院落相接。各层楼身可以拆开。淡红褐胎，胎质粗糙，施绿釉。

　　院落平面作长方形。院门悬山顶，前后坡饰纵向瓦垄。门下置一俑，头戴尖顶帽，正视前方，双手下垂相叠于腹前，双腿跽坐。身后两侧院内置二俑，形态相近，双手抱于胸前，双腿跽坐。

　　一层正面开长方形门，门框周边饰菱格纹。门上方贴塑方形斜方格窗。左右两壁各饰一道纵向菱格纹条带。背面上部为长方形洞窗。四隅转角处各伸出上下两根挑梁，构成腰撑与插栱，承一斗二升，栱中间位置加垫块。斗栱上接替木，承托腰檐。腰檐四面饰瓦垄，垂脊下端有柿蒂纹瓦饰。

　　二层平座，四面隐作望柱及卧棂栏杆，正面贴塑两个斜方格窗。平座正面立四俑，双手扶栏，形态各异。望楼四壁上部贴塑斜方格窗，正面下部开长方形门。四隅转角处斜出腰撑及插栱，栱上立俑承托三层平座。

　　三层平座，四面隐作望柱及卧棂栏杆，正面贴塑两个斜方格窗。平座正面左角立一俑，双手扶栏远眺，右侧置一匍匐俑。望楼除后壁外，三壁上部皆贴塑斜方格窗，正面下部开长方形门。四隅转角处各向上起曲撑，直接承托楼顶。楼顶庑殿式，四面饰瓦垄，正脊较短，正脊两端及垂脊下端有柿蒂纹瓦饰。

　　此种样式的绿釉陶望楼较常见于河南地区东汉中晚期的墓葬之中，类似的遗物还出土于河南三门峡灵宝汉墓、刘家渠汉墓等墓葬之中。望楼是用于瞭望守卫、登高望远的楼阁。此件绿釉陶望楼属明器，是对现实建筑的模仿，其采用了腰撑、曲撑、插栱、一斗二升等设计，其中一斗二升横栱中间加垫块的做法，是后世较为流行的一斗三升做法的雏形，对于研究汉代建筑技术具有重要的参考意义。

（高义夫）

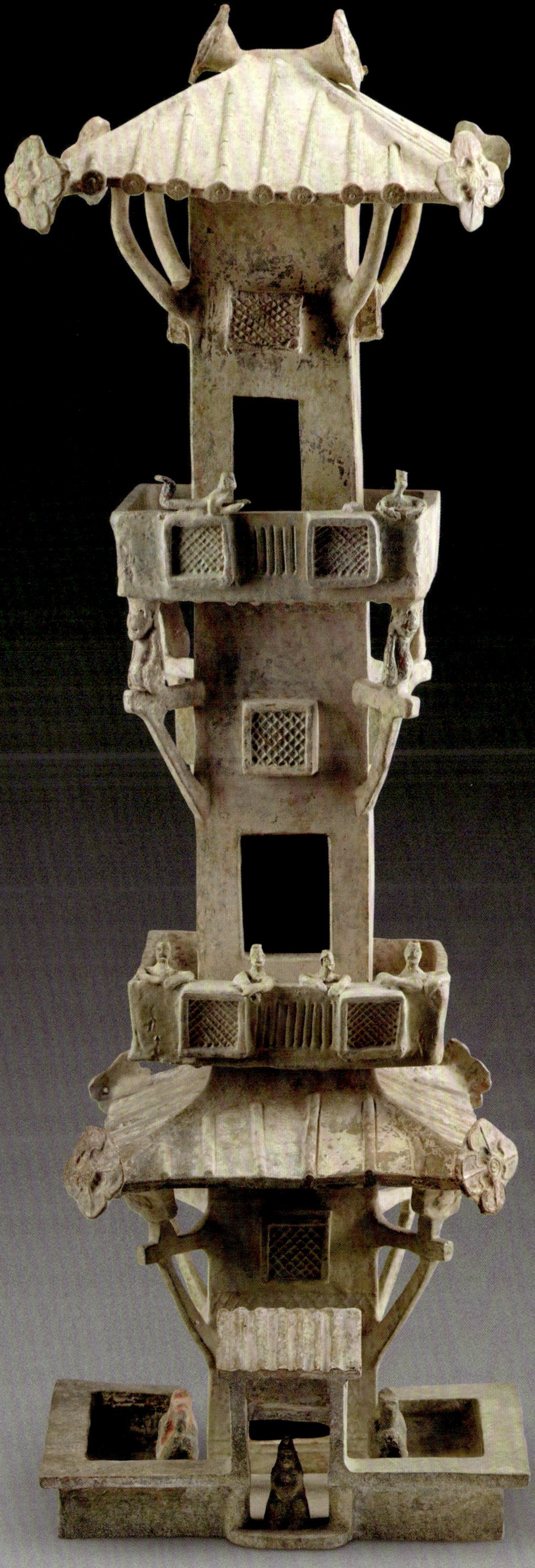

44 绿釉陶人形烛台
Human-figure candle holder in green-glazed pottery

东汉（25年—220年）
高25厘米　口径6.6厘米　底宽12.6厘米

Eastern Han dynasty (25 – 220)
Height: 25 cm
Diameter of mouth: 6.6 cm
Width of base: 12.6 cm

陶胎，外壁施低温绿釉，内壁不施釉。器物主体为模印人形，头顶圆筒，筒上饰弦纹两组，整体造型应为仿铜器造型制作。人物为深目高鼻的胡人形象，跽坐并怀抱小孩，孩童双手张开与胡俑左右手相握，造型精美，生动写实。由于圆筒具有一定高度，与汉代常见的浅盘式灯具有别，故学者推测其为烛台。

河南灵宝张湾汉墓中出土同类器两件，可提供关于其埋藏时器物组合的基本信息，同墓还出土数件东汉五铢钱，推测其年代应为东汉晚期。此类胡人造型的器物在西晋时期浙江地区生产的青瓷产品当中亦可见到。

汉代是古代照明用具发展的重要时期，这些器具构思奇巧、式样丰富，主要造型有豆形、浅盘形、多支形、动物形、人物形、耳杯形等，常用陶、铜、铁等材质制成，绝大部分为实用器，其中以人物和动物造型的最为出彩，河北满城汉墓出土的数件铜质人物形灯具，细节制作极为考究，堪称此类器物中的精品。

（冯泽洲）

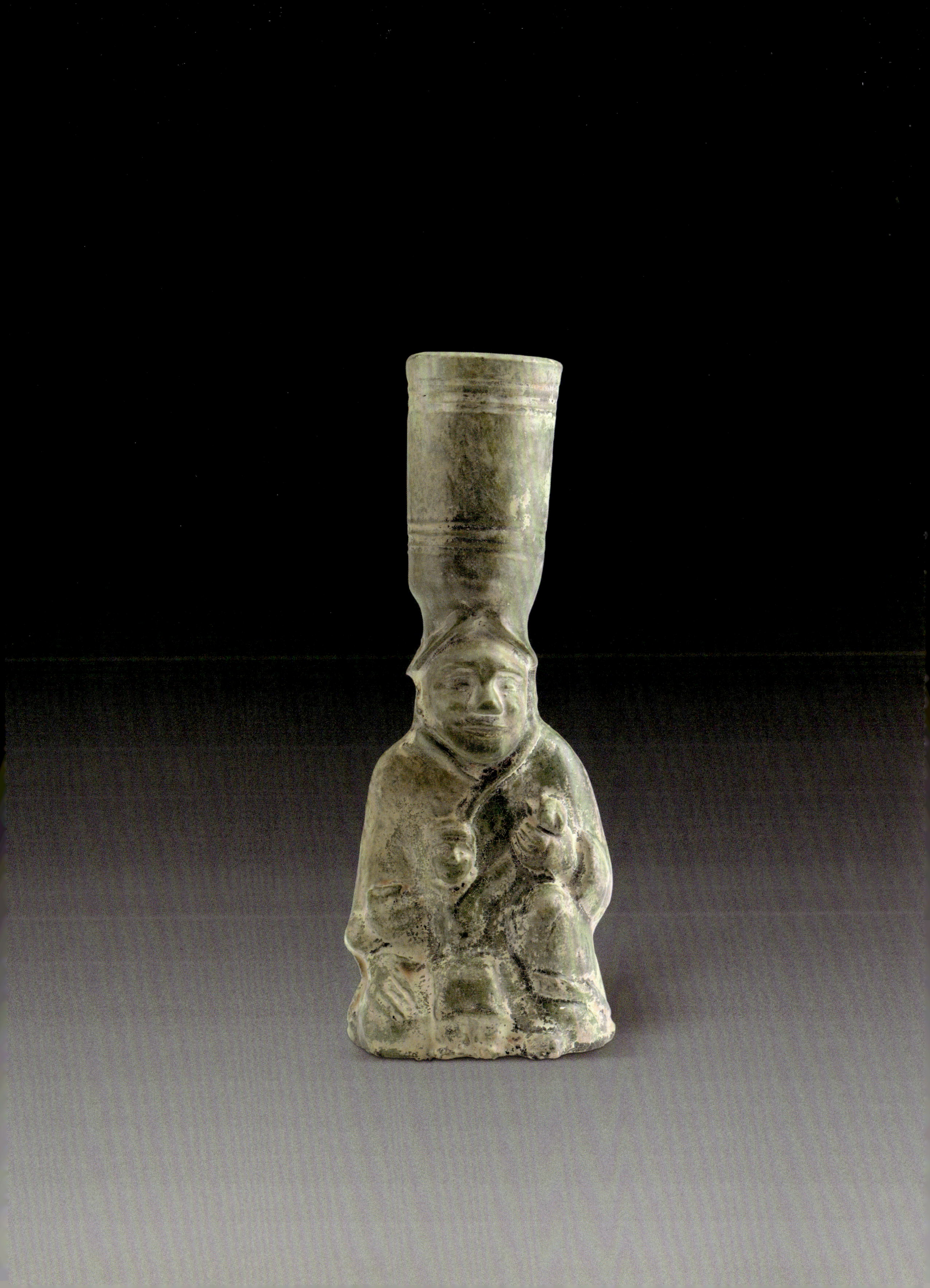

45 绿釉陶博山炉
Boshanlu (hill censer) in green-glazed pottery

东汉（25 年—220 年）
通高 12.7 厘米　盘径 15.7 厘米　底径 10.8 厘米

Eastern Han dynasty (25 – 220)
Height in total: 12.7 cm
Diameter of dish: 15.7 cm
Diameter of base: 10.8 cm

　　炉盖呈山峰状，豆形炉身，炉柄中部饰三周凹弦纹，炉盘方圆唇、平折沿、敞口、斜曲浅腹，底心中空与炉柄相连。此炉炉盖与炉身相接，并不具有使用意义。粉褐色胎，胎质较粗，施墨绿色釉，釉面莹润，底心及边缘未施釉。

　　博山炉属熏炉，是熏香时使用的香具。炉盖群山仿海上仙山而作，是汉代神仙方士信仰的反映。出现于西汉中期，其渊源可上溯至战国时期的豆形熏炉。西汉中期以青铜材质为主，陶质为辅。西汉晚期，博山炉的使用范围进一步扩展，同时部分墓葬中开始出现炉盖并不镂空的博山炉，属专为随葬而用的明器。东汉时期，博山炉以釉陶为主，主要作为丧葬明器使用，此件绿釉博山炉为东汉中晚期的代表制作。

（高义夫）

46 绿釉瓷枕
Green-glazed porcelain pillow

北宋晚期—金代早期（12世纪早期）
长 16.8 厘米

Late Northern Song to early Jin dynasties (early 12th century)
Length: 16.8 cm

枕呈束腰长方体。枕上、下、前、后四面皆作珍珠地，并印刻缠枝花卉纹。左右枕壁呈方形，壁面画不规则圆弧，其中一壁中心留枕孔，并有三个支钉痕。两壁及四枕面边沿框两周凹弦纹。灰胎，通体施绿釉，釉面不匀，留有支钉痕的一侧枕壁有垂釉现象。

该枕属河南中部窑场烧造，与之造型相近的绿釉瓷枕还出土于山西长治五马村北宋元丰四年（1081）马吉夫妇墓、山东沂水教师进修学校M2、河北磁县观台窑址及邯郸峰峰矿区佐城村墓葬中，叶县文集曾出土与之造型和纹饰皆相近的黄绿釉瓷枕。综合以上材料分析可知，此种形制的绿釉瓷枕主要流行于11世纪晚期至12世纪中期。

枕，卧所荐首者。随着宋元时期制瓷手工业的日臻繁盛、百花齐放，陶瓷成为这一时期枕具的主要材质之一。按不同功能，可分为睡枕、脉枕、腕枕等等。此件绿釉瓷枕当属睡枕。

（高义夫）

47 景德镇窑青白釉堆塑瓶（一对）

Pair of funerary jars with bluish-white glaze, Jingdezhen kilns

南宋晚期—元代早期（13世纪晚期）
通高89.3厘米　口径9.1厘米　足径12.1厘米

Late Southern Song to early Yuan dynasties (late 13th century)
Height in total: 89.3 cm
Diameter of mouth: 9.1 cm
Diameter of foot: 12.1 cm

分瓶身及瓶盖两部分。

瓶身方唇、直口，口下呈钵形外鼓，钵腹塑一周荷叶边形附加堆纹，荷叶下对称位置贴塑四个环形竖系。斜直长颈，其上纹饰可分三层：上层贴塑朱雀、飞鹤及祥云，又有明日以祥云承托悬空侧立于颈上；中层贴塑虎、盘龙及祥云，虎头和龙俑头部悬空昂起；下层贴塑朱雀、玄武、马、鸡、犬、鹿、文立俑及武坐俑等。肩部饰一环形凸棱，其上贴塑十二立俑及一伏于祥云之下的伏听俑。长弧腹，圈足外撇。

瓶盖方唇，子口微内敛，平沿。盖面斜直，贴塑四条短棱，棱下端置四环形竖系，与器身颈部竖系搭配穿绳使用。两瓶的盖顶均立一鸟，一昂首欲飞，一栖息平视。

淡红褐色胎，胎质略粗。通体施青白釉，釉面莹润，布满细碎开片。瓶身施釉及下腹近足处，唇部未施釉。器盖口、内沿未施釉。

堆塑瓶是宋元时期江西地区较为流行的随葬明器，其上一般堆塑龙、虎、朱雀、玄武、金鸡玉犬、仙鹿奔马、伏听俑、文武俑、十二时辰俑、朵云托日月等元素，其出现受到了传统灵魂观念、道教及佛教等宗教文化的影响，是复杂民间宗教信仰的产物和体现。

与之相似的堆塑瓶还出土于江西新建南宋景定四年（1263）胡文郁墓、江西贵溪元至元三十年（1293）张宗演墓、江西高安元天历二年（1329）许德新夫妇墓、江西南昌元至正二年（1342）墓、江西铅山元至元二年（1336）赵命保墓等南宋晚期至元代墓葬中，堆塑瓶颈部及肩部的贴塑俑像由早期灵动立体到晚期逐渐模糊扁平，变化明显。此对堆塑瓶贴塑造型生动，栩栩如生，应属南宋末至元初景德镇窑佳作。

（高义夫）

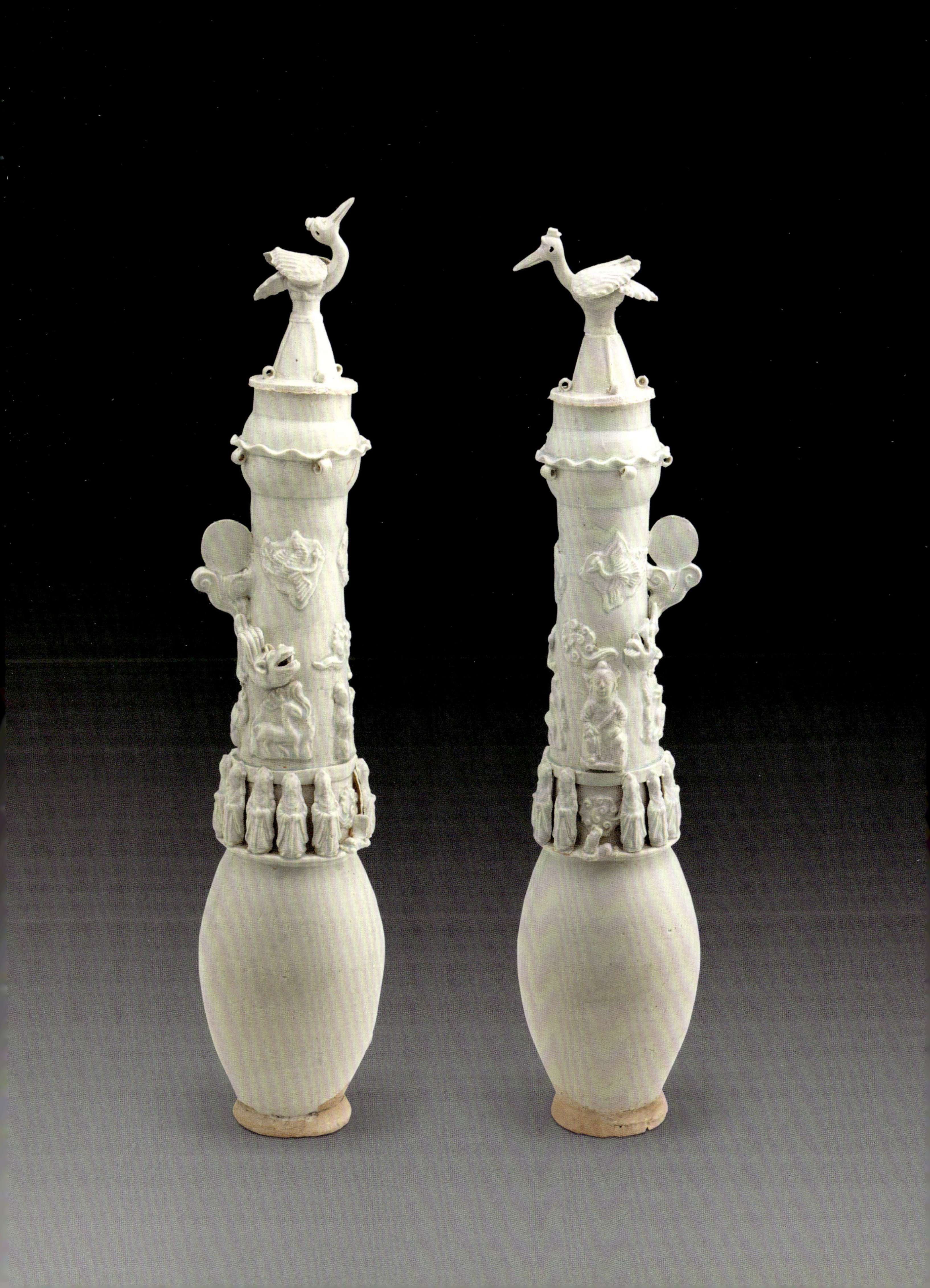

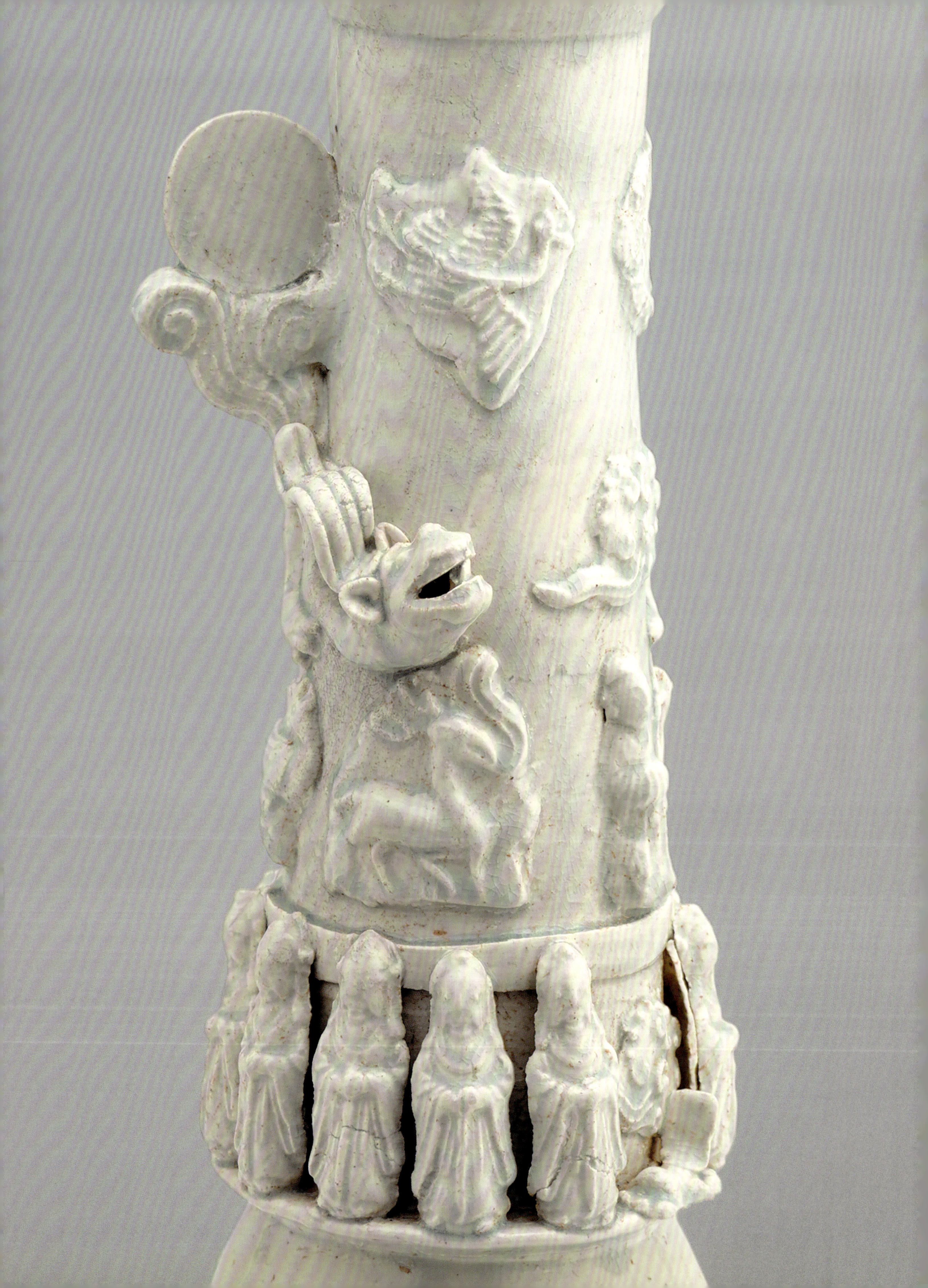

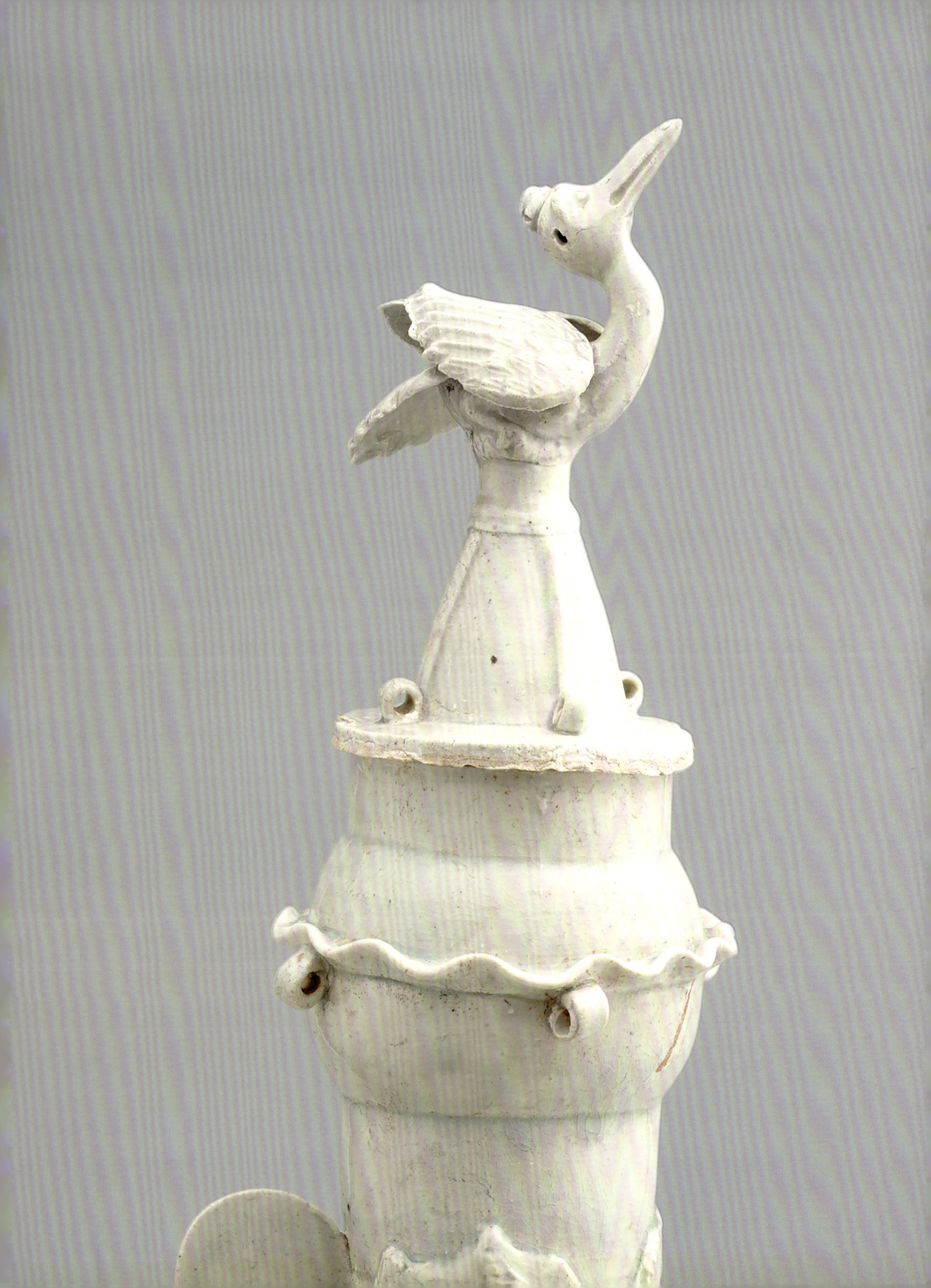

48 象牙雕七层宝塔
Seven-storied ivory pagoda

清（1644年—1911年）
高64厘米　底径16厘米　重2380克

Qing dynasty (1644 – 1911)
Height: 64 cm
Diameter of base: 16 cm
Weight: 2,380 g

　　宝塔取亚洲象牙为材，作六角形，共分七层，上有宝顶，下为雕花围栏台座。塔身为一整体，与台座可分合。每层塔内设佛像一尊，檐脊下坠风铃。全器综合运用镂刻、圆雕、拼镶等多种象牙工艺技法，雕刻精细，打磨光润，形制文雅，比例匀称，具有晚清时期南派牙雕器物的典型风格和时代特征，代表了当时较高的工艺水平。

（施远）

展览统筹：

杨志刚　李 峰　倪汉克（Henk Nieuwenhuys）

内容策划（按姓氏笔画排序）：

赵 佳　施 远　彭 涛

展览协调：

赵 佳　褚 馨

陈列设计：

杨贝贝　袁启明

拓片制作：

李孔融

文物修复：

杨 蕴

展品诠释（按姓氏笔画排序）：

韦心滢　冯泽洲　陈 洁　周 浩　施 远　高义夫　彭 涛

内容审校（按姓氏笔画排序）：

陆明华　张 东　施 远　梁 薇　彭 涛　褚 馨

英文翻译：

朱绩崧（汉译英）　梁 薇（英译汉）

展品摄影：

张旭东　朱 琳

版权声明：

文字、图片及影像版权归上海博物馆所有。未经允许，任何人不得采用任何形式复制、转载和改写出版物的内容。

图书在版编目（CIP）数据

　　荷浦珠还：荷兰倪汉克新近捐赠文物 / 上海博物馆编. -- 上海：上海书画出版社，2020.7
　　ISBN 978-7-5479-2388-7

Ⅰ. ①荷… Ⅱ. ①上… Ⅲ. ①文物－中国－图集 Ⅳ. ①K870.2

中国版本图书馆CIP数据核字(2020)第114845号

荷浦珠还
荷兰倪汉克新近捐赠文物

上海博物馆 编

主　　编	杨志刚
责任编辑	王　彬
编　　辑	刘　婕
审　　读	陈家红
特邀编审	陈　凌
装帧设计	姚伟延　张晶晶
图像制作	白瑾怡
美术编辑	盛　况
技术编辑	包赛明
印装监制	朱国范

出版发行	上海世纪出版集团
	ⓢ 上海書畫出版社
地　　址	上海市延安西路593号 200050
网　　址	www.ewen.co
	www.shshuhua.com
E-mail	shcpph@163.com
设计制作	上海贝贝埃艺术设计有限公司
印　　刷	上海中华商务联合印刷有限公司
经　　销	各地新华书店
开　　本	635×965　1/8
印　　张	16
版　　次	2020年7月第1版　2020年7月第1次印刷
印　　数	1-1,200

书　号	ISBN 978-7-5479-2388-7
定　价	168.00元

若有印刷、装订质量问题，请与承印厂联系